7日でめぐる
インドシナ半島の世界遺産

目次＊7日でめぐるインドシナ半島の世界遺産

カラー口絵・インドシナ半島の世界遺産 ……004

はじめに ……017

インドシナ半島地図 ……018

フエ　　ベトナム ……019
ベトナム最後の皇帝の都

ミソン　　ベトナム ……035
チャンパ王国の聖地

ホイアン　　ベトナム ……053
江戸時代の日本を魅了した貿易港

スコータイ　タイ ………069
タイ族最初の王国

ルアンパバーン　ラオス ………087
メコン河畔の小さな古都

アンコール　カンボジア ………101
世界最大の神殿と遺跡群

インドシナ半島の世界遺産をめぐる旅情報 ………124

秋分の空を赤く染めるアンコールワットの夜明け

ベトナム

12代皇帝カイディンの霊廟。建築の随所にベルサイユ宮殿のモチーフが取り入れられている。
フエの女性たちは紫のアオザイの着用を皇帝から命じられていた。

ベトナム

人里はなれた完璧な静寂の中にチャンパの聖地ミソンはある。1600年前から、王たちはこの地に神殿を造り続けてきた。

街全体に明るい雰囲気があるのは、ホイアンがかつて国際貿易港だったからなのか。古い街並みにコロニアル建築が溶け込み、カラフルでしゃれた店がたくさんある。

ホイアン | 009

タイ族最初の王国スコータイ。都の中心は大仏教寺院ワット・マハータート。付近には江戸時代の茶人が珍重した宋胡録(すんころく)焼きの故郷がある。

スコータイ

ラオス

しっとりと落ち着いた町ルアンパバーン。上質な絹織物を売る店、旧王族の館を改修した静かなホテル、600年続いた王都の残り香が今も町に漂っている。

014 | カンボジア

アンコールはワンダーランドだ。どの遺跡にも驚かされる。有名なバイヨンには人面が196個も彫ってあるが、カンボジア人の顔によく似ている。

春分の日のアンコールワットの神秘的な夜明け。

はじめに

　インドシナ半島は地理的にいうと南シナ海とベンガル湾に囲まれた地域になるが、ここでは狭義のインドシナ半島——ラオス、カンボジア、ベトナム、それに隣接するタイのことをいう。

　現在この地域には10件の世界遺産が登録されている。本書ではそのうちの6件をとりあげた。

　観光ビジネス先進国のタイは別として、インドシナ半島を個人旅行する場合、ビザの取得から始まっていろいろ面倒なことが多い。そのうえ4ヵ国もの世界遺産をめぐるとなると、飛行機の接続も簡単にはいかないし…。ひょっとしてこう考える人がいるかもしれない。ところが状況はすっかり変わっている。

　タイの航空会社が開設したルートを使えば、インドシナ半島4ヵ国の世界遺産が簡単に旅行できてしまう。タイのバンコクを起点にして、スコータイ（タイ）→ルアンパバーン（ラオス）→ダナン（ベトナム）→シェムリアップ（カンボジア）と回り、バンコクに戻ってくるというものだ。

　ラオスやカンボジアなら、飛行場に着いた時点でビザが取れる（タイはビザが不要）。宿泊にしても、五つ星ホテルからゲストハウスまで、現地の受け入れ態勢は急速に整っている。日本にいながら、インターネットで検索して予約もできる。食事にしても地元料理から各国料理まで、そのときの気分でレストランが選択できる。

　インドシナ半島はこんなにも旅行しやすくなった。巻末に載せた参考プランのように、日本からの往復を加えても、1週間あれば、4ヵ国の世界遺産をめぐってくることができる。せっかく出かけていって1週間ではもったいないが、そういうことができる時代に今はなっている。

　インドシナ半島の4ヵ国をめぐる旅には魅力がある。世界遺産をきっかけにして、多少駆け足ではあっても、4つの国の個性を1度に感じられる旅に出てみてはどうだろうか。

樋口英夫

インドシナ半島地図

地図の凡例

- **H** ホテル
- 卍 寺院・僧院
- ツーリストオフィス
- **R** レストラン
- ✉ 郵便局
- ⚓ 船着場
- **$** 両替・銀行
- 🏛 博物館

フエ ベトナム

ベトナム最後の皇帝の都

　ベトナムが中国から独立したのは10世紀のことだ。それから1000年間、ベトナムは皇帝の支配する王朝国家が続いてきた。しかしホーチミンがリーダーとなった革命によって、グエン朝13代皇帝は退位し、王朝国家の歴史が幕を閉じた。

　このベトナム最後の王朝の都がフエに置かれていた。今でもこの町には、サイゴンやハノイとは違った文化の香りが色濃く漂っている。中国の紫禁城を真似て築かれた王宮の建物は、ベトナム戦争で大部分を失ってしまったが、建ち残る朱塗りの大きな「午門」や「太和殿」の結構や龍の絡みつく円柱などに、往時のきらびやかさが想像できる。

　フエの町を貫いて流れるフオン川の左岸が王都のあった旧市街。大きな濠が旧都城を取り巻いていて、その中は昔のままに碁盤の目状に細い道が走り、住宅や博物館などが建ち並んでいる。右岸は対照的にホテルや銀行が建ち並ぶ。1993年、フエ城と周辺のグエン朝ゆかりの陵墓や寺院などが、「フエの建造物群」として世界遺産に登録された。

ベトナム

フエ王宮の正門になる「午門」。朱塗りの楼を載せた大きな門は、中国の北京にある故宮を模している。3つあるうちの中央が皇帝専用の出入り口だった。

ベトナム

午門の上から見た太和殿(上)。この中で皇帝は国事のすべてを決定した(下)。前庭には文官や武官の席次を示す石が置いてある(左)。

都城はフォン川の水を引いた大きな濠に守られていた(右)。濠に架かる重厚な橋を渡り、城門をくぐり抜けると2km四方の広大な都になる(上)。

都城と宮殿

フエの街を二分して流れるフォン川。その河岸に、グエン朝の都が築かれている。城壁が取り囲む2km四方の都だ。正面に遠望できる「グビン山」、川の地勢が発する「気」、そしてフォン川に浮かぶ2つの島を「青龍」と「白虎」に見立てることで、風水師がこの環境を皇帝の都に相応しいと判断した。確かにフォン川には細長い島が2つ浮いている。下流の島が青龍、上流が白虎になるという。

こうした吉相の都の中心に、中国の北京城を真似て、宮殿が南向きに築かれた。中国では北極星が皇帝のシンボルだったから、南を向くことが権威を示すことになっていた。

宮殿の北側敷地には、皇帝のプライベートな館「紫禁城」を配置し、南側には「太和殿」などの執務や儀式を司る建物を置いた。武官や文官、そして諸外国の使節たちは、朱塗りの「午門」から入城し、うやうやしく頭を下げながら北に座す皇帝に近づいていった。

街と周辺

現代のフエの中心はフオン川右岸に移り、新市街と呼ばれている。特にフーンヴォーン通りとグエンティフォーン通りが交わるあたり、それにドイゴーン通りの周辺が観光客には便利な場所で、ホテルやレストラン、旅行会社やインターネットカフェ、土産物屋が集中している。

宮殿は新市街から歩いて行くには少し遠いが、バイクタクシーかリキシャに乗って橋を渡り、バイクの洪水の中を宮殿に向かうのもベトナムらしくていい。橋のたもとのドンバ市場は、早朝に行くと食材が豊富に並んでいて、ベトナム料理の調理場を見ているようで面白い。

ホテルや旅行会社に頼むと、フオン川に沿って点在するティエンムー寺、トゥドゥック帝廟、ミンマン帝廟など王朝ゆかりの建造物を訪ねるリバークルーズが楽しめる。廟の中では、中国紫禁城とフランスベルサイユ宮殿をミックスしたカイディン皇帝のものが凄い。隅々まで完璧にキッチュに仕上げた、その意味でいえば極上の建造物だ。

フォン川の左岸、旧都城側にあるドンバ市場。早朝は周辺の路上まで売り場になる(上)。対岸は新市街、コロニアル風な大きなホテルやレストランが建ち並ぶ(左)。

旧都城

濠

フエ博物館

王宮跡

濠

●ドンバ市場

ホテルサイゴンモリン
インドシナホテル

ティエンムー寺

フオン川

トゥヒエウ寺

▲グビン山

●トゥドゥック帝廟

●ドンカイン帝廟

フエ

●カイディン帝廟

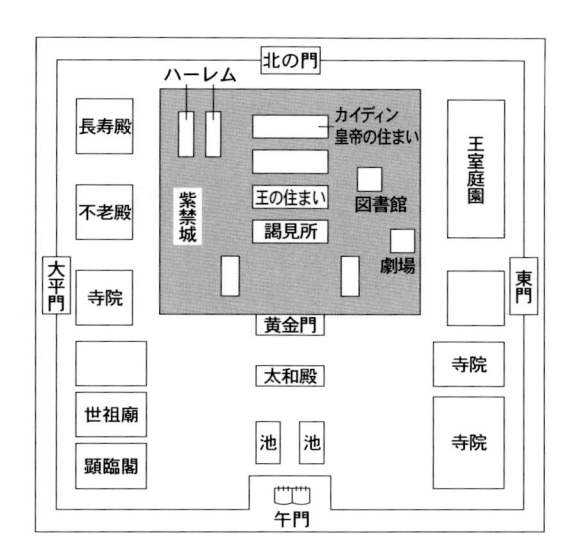

紫禁城城内見取り図

顕臨閣の前に9個の鼎（かなえ）が並んでいる。中央の鼎には初代皇帝を象徴する龍の浮き彫りが付いている。

ベトナム

フエ郊外のカイディン帝廟は奇妙な建造物だ。木や石を一切使わず、フランスから輸入したセメントだけで自分の墓を造ってしまった。

ベトナム

廟に安置されたカイディン帝の像。天蓋も垂れた房もコンクリート製とは思えない出来だ(左)。
フエの名物皇帝料理。演奏者を食卓にはべらせ、皇帝気分で食事する(上)。

コラム　宦官の位牌とハーレム

　フエ市の南西郊外にあるトゥヒエウ寺は、フエの王宮で働いていた宦官の位牌を祀っている。位牌は本堂の仏像の真裏に安置してあり、ひょっとしたら僧侶が毎日掌を合わせているのはこの宦官の位牌なのかもしれない。

　フエの宮廷が召し抱えていた宦官の人数は不明だが、グエン朝が皇室の手本にしていた中国清朝の場合は500人の宦官が働いていた。清朝の時代に、英国人が宦官になる去勢手術に立ち会って、記録している。

　陰茎陰嚢をあらかじめ熱い唐辛子湯で消毒した志願者を椅子に座らせると、下腹部と大腿部を紐で固定して、さらに体を3人の男たちが押さえつける。「本当にいいのか？」と執刀者は念を押し、うなずいた瞬間にすべてを切り落としたという。

　フエでもこんな荒っぽい手法だったのか。お寺に同行したガイドの話によると、切断したものは縁起物で、願い事のある者はこれを譲り受け、自宅に祀る習わしがあったそうだ。しかし宦官が亡くなると、亡骸と一緒にそれは棺に納められた。そうしなければ人間として成仏できなくなるからだ。

　皇帝が子孫をふやすため、フエの紫禁城の後宮にはハーレムが2棟建っていた。後宮は皇帝と女性と宦官だけの世界だ。皇帝にじかに接する宦官は特別強い力を持っていた。トゥヒエウ寺に祀られた宦官もきっとこういう人物だったのだろう。

トゥヒエウ寺の本堂と僧侶

ミソン

ベトナム

チャンパ王国の聖地

　ベトナムが中国から独立した10世紀、既に700kmほど南（今のダナン付近）ではチャンパ王国が栄えていた。時代は海のシルクロードの全盛期だった。チャンパの港は、中国に向かうインド、アラブ、ペルシャの交易船の中継基地として、またインドシナ半島の特産品の集積地として賑わっていた。しかし次第に力をつけて南下してくるベトナムに負けて、チャンパは19世紀に消滅した。

　2世紀に国を興したチャンパの王たちは、インド人バラモン僧を召し抱え、ヒンドゥー教を信仰していた。それは周辺の小国を支配するための手段だったと考えられている。ヒンドゥー教の神秘的な力が必要だったのだ。その神を祀るのに相応しい場所としてミソンの地が選ばれ、王たちはそこにシヴァ神の神殿を次々に建立した。

　ミソンは巨大なクレーターの底のように小高い山に囲まれている。ベトナム戦争前までは大きな神殿も残っていたが、米軍の空爆がほとんどの神殿を跡形もなく消してしまった。残るものも激しく風化したままだ。

ベトナム

人里離れた山の中、巨大なクレーターの底のような場所に聖地ミソンはある。ヒンドゥー教の
シヴァ神を祀る神殿が4世紀から建てられてきた。

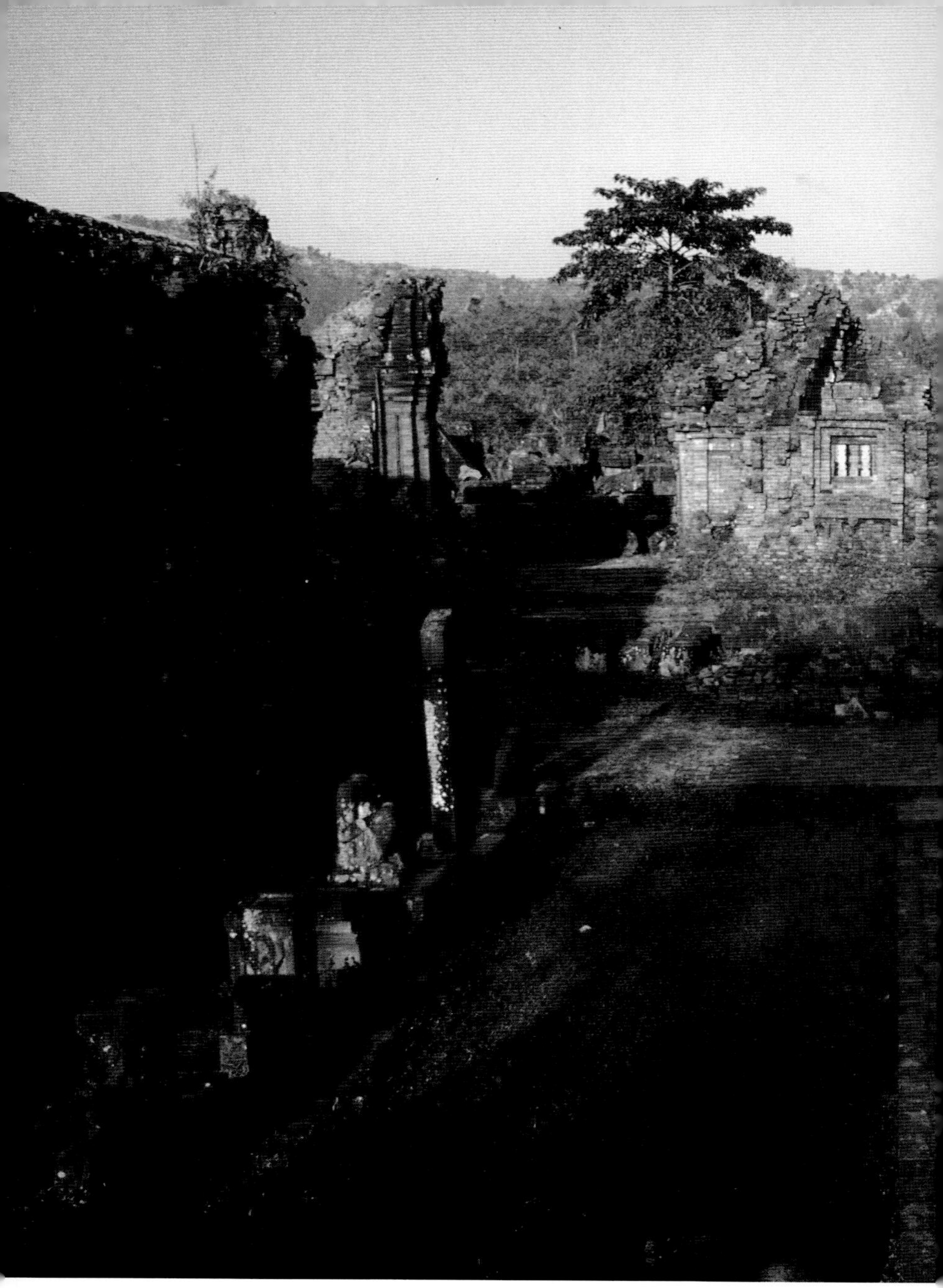

赤いレンガを積み重ねて築いた神殿。ミソンにはこうした建造物がたくさん建っていたが、ベトナム戦争の空爆でほとんど破壊されてしまった。

ミソン

　ミソンに行くには、ホイアンに泊まると便利だ。ホイアン港（港は河口にある）からトゥーボン川の上流を眺めると、正面に三角のすその長い山が見える。チャンパの王たちが聖山としてあがめた「マハパルバータ」だ。ミソンはこの山のふもとにある。

　ミソンまでは路線バスがないので、地元旅行会社が主催するツアーを利用するか、ホテルや旅行会社に頼んで乗用車をチャーターするしかない。ツアーの場合には船かバスを選択できるが、どちらも1日がかりの観光になる。車をチャーターした場合は半日みれば往復できる。

　ミソンに向かう途中、チャーキュウの町を抜ける。昔はここにチャンパの王都があったというが、すべて崩壊して地面の下に消えている。チャンパは外国との交易で栄えた国だが、当時の貿易港はホイアンだった。

　ベトナムに侵略されるまで経済活動の場はホイアン、政治の場はチャーキュウ、宗教施設はミソンと、トゥーボン川に沿って3ヵ所のだいじな拠点を持っていた。

　実は中部ベトナムには、チャーキュウ以外にも小王都がいくつも存在し、同じように、川に沿って経済、政治、宗教の三点セットを持っていた。これらの都がチャーキウと連合体になり、チャンパという国を形づくっていたのである。

　ミソンはこうした小王都の聖地を超えた存在として、チャンパのもっとも神聖な場所になっていた。すでに4世紀からミソンでは神殿が建設されていたが、今あるレンガ積みの建造物は8世紀から13世紀のものになるという。

　ミソンの手前に川があり、ここで車を降りて、遺跡の入場券を買う。吊り橋を渡ると無料の送迎車が待っていて、10分ほどで遺跡まで運んでくれる。周囲はぐるりと山に囲まれていて、遺跡を少し外れるとどこまでも灌木が密生している。鳥の声と風の音以外しんとしていて、いかにも神聖な空間に自分が立っている気がしてくる。

　遺跡は60基ほどの建造物からなっているが、原型をとどめるものは数えるほどしかない。風化で消滅したのではなく、ベトナム戦争時の空爆で粉々に吹き飛んでしまったのだ。

チャンパは昔からインドと深いつながりがあった。7世紀の碑文には、インドのガンジス河を見に行った王のことが記されている。

ベトナム

船形屋根のこの建物は現存する遺跡で一番美しい。手前の崩壊した神殿跡にシヴァ神を象徴するリンガが残る(左)。銃弾を打ち込まれた神殿側壁の浮き彫り(上)。

聖山マハパルバータをバックに、空爆で吹き飛ばされたAグループの遺跡がわずかに残っている。ここには高さ28mの神殿が建っていた。

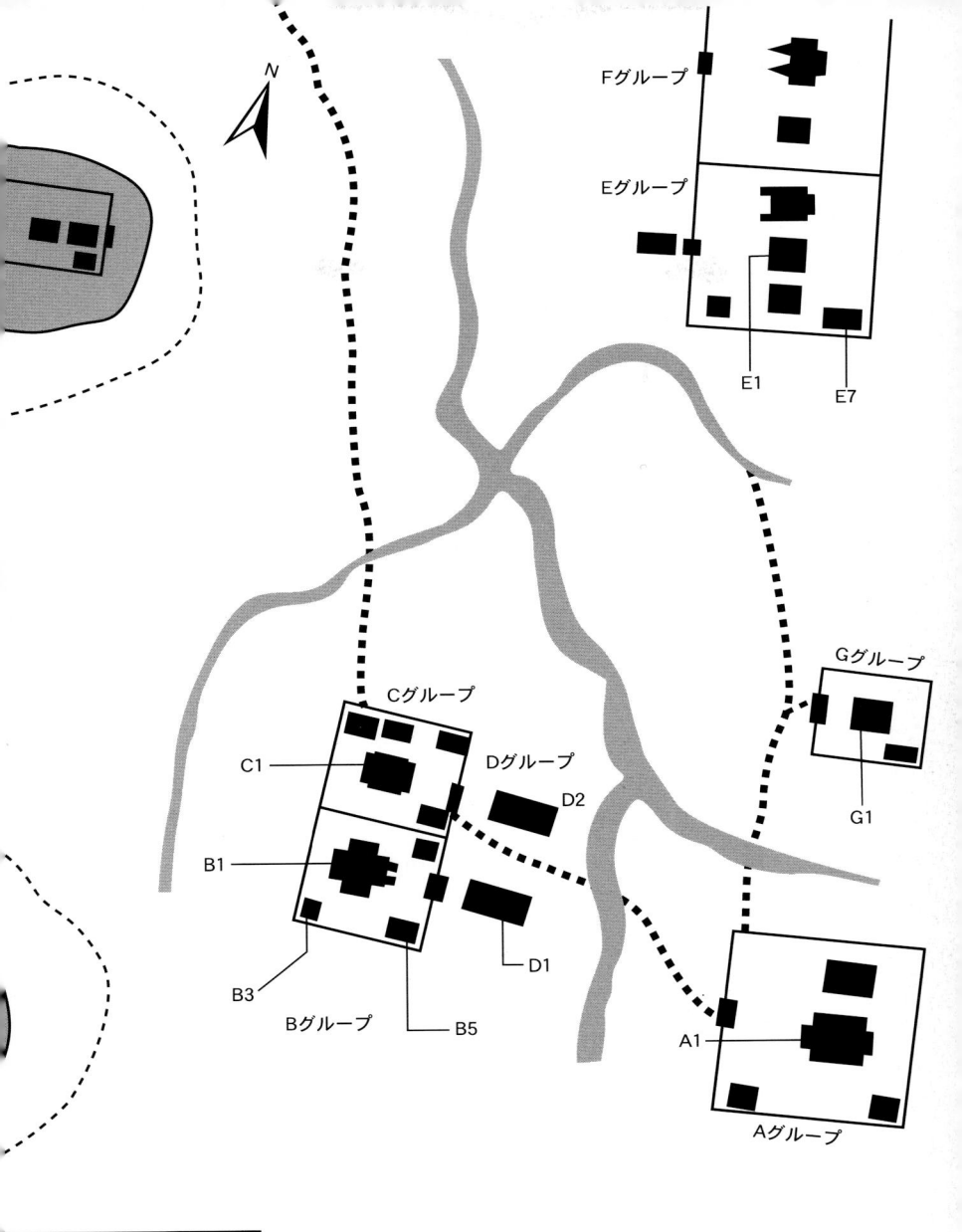

ミソン遺跡

ダナン市のチャム彫刻博物館

　フランスが植民地時代に各地から収集したチャンパの彫刻が展示されている。館内を4つの部屋に分け、時代や場所で彫刻の手法と内容が変化していく様子がわかるようになっている。

　建物正面の左側がミソンの展示室。ヒンドゥー教の神像や砂岩の基壇が床に置いてある。基壇の側面は浮き彫りで飾られていて、インドの弦楽器シタールや太鼓マダルを演奏する男たちや、腕を大きく広げて踊る舞姫たちの姿がある。壁には踊るシヴァ神のレリーフがある。踊るシヴァの別名はナタラジャと言い、インドでは踊りの神様として親しまれている。

　館内には神々の像と一緒に男性器と女性器を象徴するリンガとヨニがたくさん展示してある。砂岩製の直径2mほどのヨニの周囲には、形よく膨らんだ乳房の装飾が施されている。

　舞姫や演奏する男たち、それに踊るシヴァといい、チャンパ王国には生を謳歌する古代インドの文化が根付いていたようだ。

チャム彫刻博物館の正面(左)。祭壇の基部に彫られた踊る女性。アンコール遺跡にも同様の女性像はたくさんあるが、チャンパのほうが官能的だ(上)。

基壇に彫られた笛(インドの横笛バーンスリ)を吹く男。インド人バラモン僧のように見える(上)。彫刻を無造作に展示した館内は、写真撮影が自由にできる(右)。

チャンパの末裔チャム族

ベトナムに敗れてチャンパは消えたが、人間までいなくなったわけではない。チャンパ王国を形づくっていたチャム族や山地民の末裔たちは、今も独自の集落を作り、暮らしている。

　中部ベトナムのニントゥアン、ビントゥアン両省には、約7万人のチャム族がいる。昔ながらのヒンドゥー教か、末期のチャンパに広まったイスラームのどちらかを、全員が信仰している。東南アジアのヒンドゥー教徒はバリ島ばかりではないのだ。

　ずっと昔にベトナムとの戦乱を逃れ国外に移住したチャム族もいる。その末裔の集落が中国の海南島にある。カンボジア各地にも10万人以上暮らしている。タイのアユタヤとバンコクにも、カンボジアの末裔たちが移住してきて集落を作っている。先のカンボジア内戦では、チャム族は激しい民族弾圧を受けたため、多くの人が難民となってマレーシア、フランス、アメリカに移住した。

ベトナム

バラモン僧が登場するヒンドゥー教徒の大祭カテ(上)とヒンドゥー教徒の家族(左下)。イスラームを信仰する村の少女(左上)。写真はすべてベトナム。

コラム　家康を魅了したチャンパの香り

　最近のテレビや雑誌はよくチャンパを取り上げている。チャンパファンが増えているせいかもしれないが、チャンパで採れる香木が欲しいばかりに、わざわざインドシナ半島まで使いの船を出したチャンパ狂いもいる。徳川家康だ。

　正倉院の宝物に、「蘭奢待（らんじゃたい）」と呼ばれる、長さ5尺1寸の根のように古ぼけた木片がある。一般には「伽羅（きゃら）」と呼ばれる香木の一種なのだが、「蘭奢待」は「熟すると黄色味を帯びてきて、えもいわれぬ香りを発する」という国宝級の香木なのだ。

　現存する記録によると、この5尺1寸の「蘭奢待」を少しだけ切り取って、試香（？）した人物が3人いる。足利義政が2寸、織田信長が1寸8分、徳川家康が1寸8分、それぞれ切り取った。伝説の香りを嗅いでみたくて、強引に正倉院の扉を開けさせたに違いない。

　「蘭奢待」は、チャンパから中国経由で正倉院に納められたとされている。こんな凄いものが手に入るなら…、と家康は考えた。「チャンパまで、船を出すか」。日本の大航海時代──朱印船貿易の時代が始まろうとしていた、まさにそんなときのことだった。命じられたのは九州のキリシタン大名、有馬晴信。静岡市の久能山東照宮博物館で、家康が手に入れた実物を見ることができる。

カンボジアのチャム人の儀式に使われる白檀。

ホイアン
ベトナム

江戸時代の日本を魅了した貿易港

　ベトナムでも珍しい古い町並みがホイアンに残っている。400年前、ホイアンは東南アジア屈指の貿易港だった。ヨーロッパや日本の貿易船が生糸や絹布、陶磁器や金属製品、それに香木や砂糖などをこの港で仕入れ、本国に持ち帰っていた。

　今残る古い町並みが貿易の中心地だったと思われる。この付近には、日本の商人や船乗りたちが長期滞在するための日本人町がつくられていて、日本を逃れたキリシタンや浪人も住みついていた。日本に輸入された高級品は庶民にまで広まって、東南アジア趣味がもてはやされた。しかし日本が国外に船を出した大航海時代は短かった。

　江戸幕府公認の貿易船（朱印船）がアジアの港に向かったのは、鎖国になるまでの32年間しかなかった。出航した船は350隻余り、どこよりもホイアンを目指した船が多かった。

　1999年、古い建物の残るホイアン旧市街が「古都ホイアン」として世界遺産に登録された。

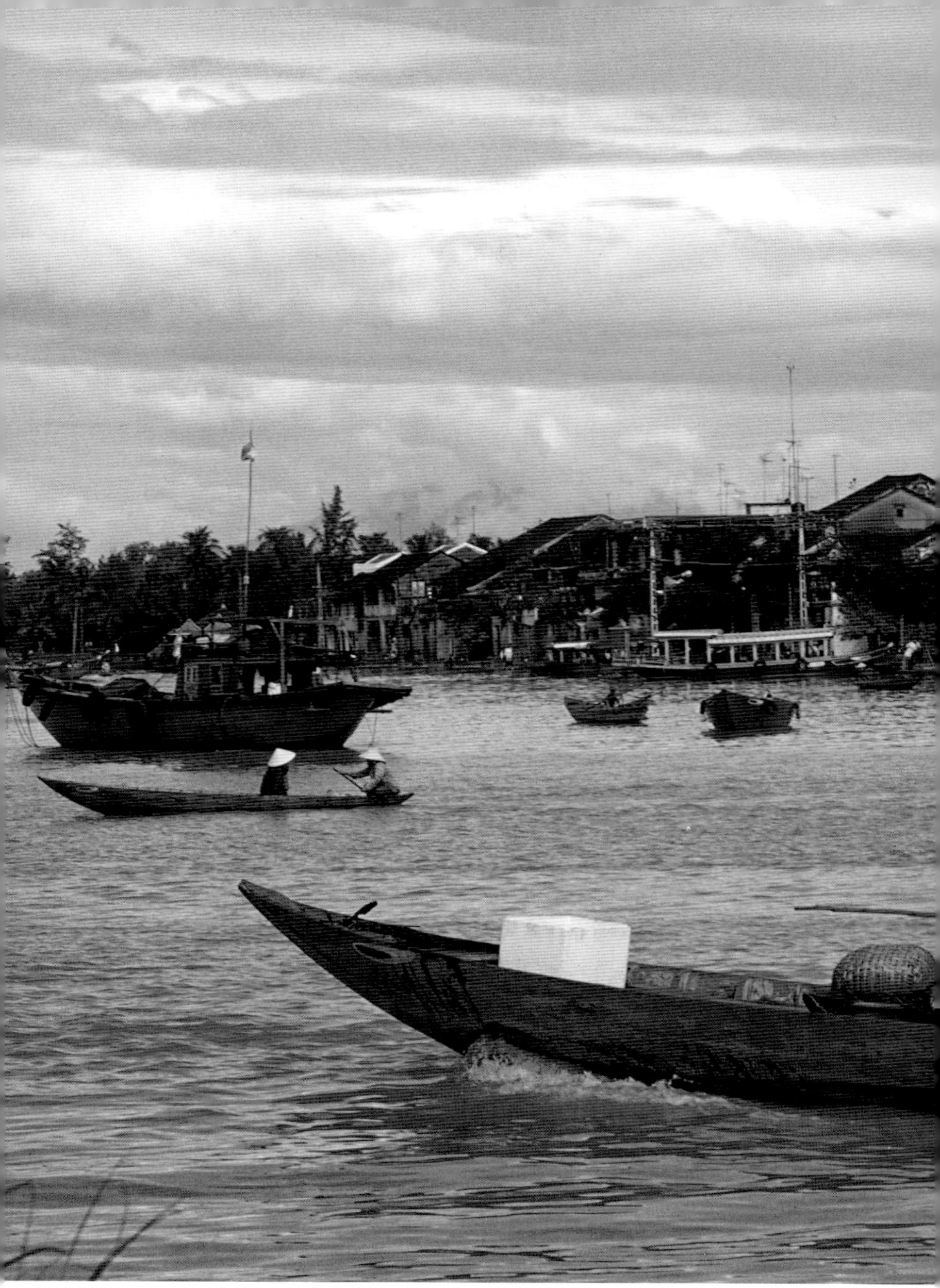

トゥーボン川の岸辺に沿って世界遺産の旧市街が広がっている。日本から南シナ海を渡ってきた朱印船は河口からホイアンまでボートに曳航された。

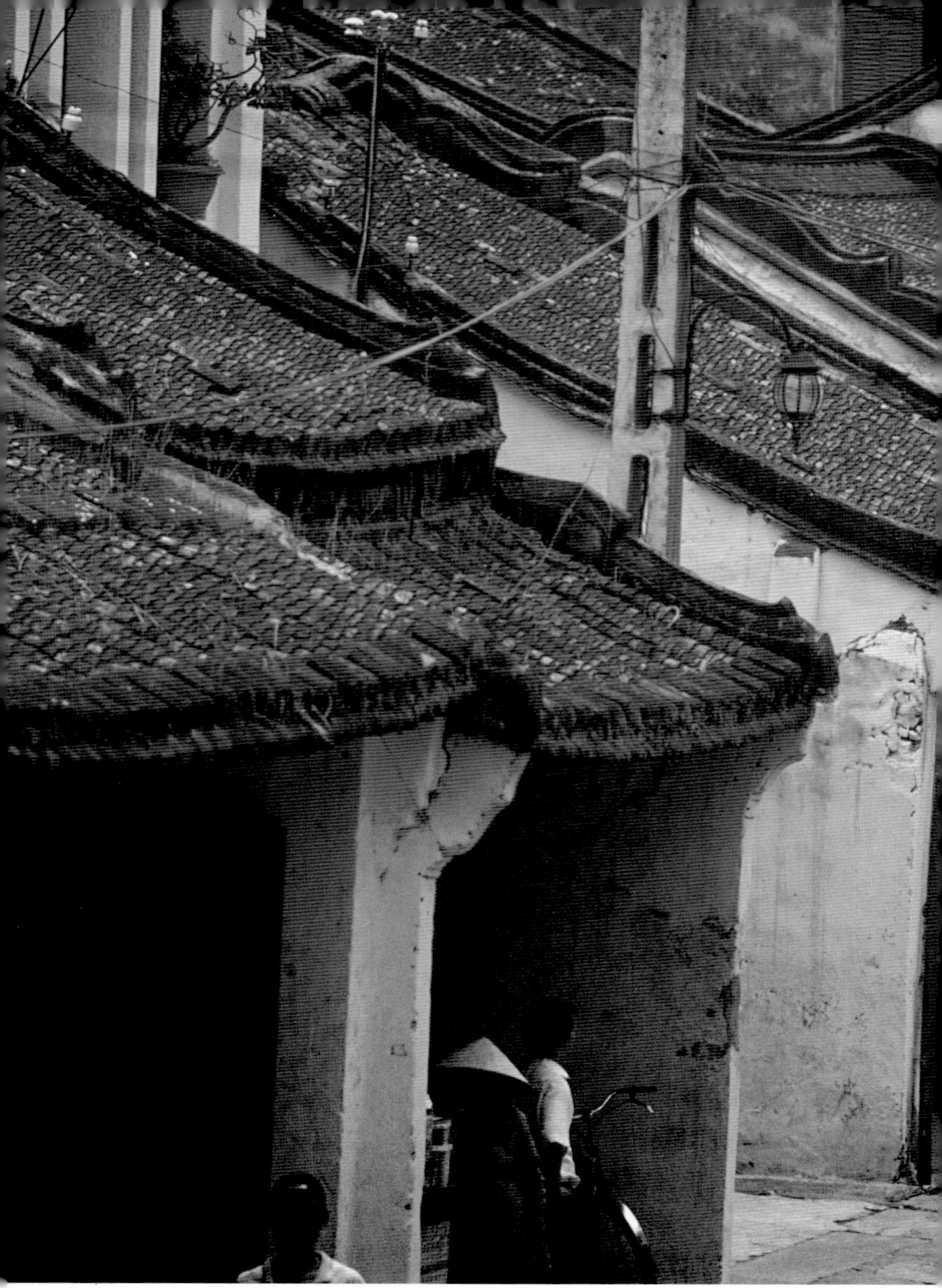

中国風の家が軒を連ねるチャンフー通り。昔は中国人町だったところだ。ホイアンの人口は現在8万人。中国人の末裔が半数だという。

ホイアン旧市街

　トゥーボン川に平行する3本の古い通り。ここには相当年代ものの中国スタイルの家が、骨董品を陳列したようにきっちり建ち並んでいる。室内の柱や梁は黒檀や紫檀が使用されていて、青黒い艶光りを発している。
　通りは車が進入してこないので、歩くうちに時代感覚が薄れてくる。朱印船時代は言い過ぎだが、けっこう昔にタイムスリップする。建物はすべて人が暮らしていて、多くは土産物屋、レストラン、ホテル、ギャラリーなど観光客目当ての店になっている。その中に昔ながらの漢方薬屋や家具屋や仕立て屋があったりして、街の気分を引き締めている。
　ホイアンを楽しむなら早朝、店が開くまでの時間がいい。天秤棒に篭をぶら下げた物売りが行き交い、丼茶碗を持ったおばさんが声をかけて呼び止める。笠をかぶった女性たちが自転車を押しながら、日本橋を渡って市場に向かっていく。小さな椅子を並べたカフェではコーヒーを楽しむ男たちがいる。観光とは無縁の古都の情緒が感じられる一瞬だ。

木造家屋の材料は黒檀や紫檀などをふんだんに使っている。家の中も昔のままで(上)、こうした建物を骨董店(左)などに上手く利用している。

日本人町

　江戸時代、日本の船が国外に出かけていって貿易するには、将軍の朱印が押してある「朱印状」が必要だった。主な渡航先は台湾、フィリピン、チャンパ、ベトナム、カンボジア、タイ、インドネシアの港だった。ホイアンやフィリピン、カンボジアやタイなどには日本人町もできていた。

　ホイアンの日本人町を墨でスケッチしたものが現存する。横に長い高床式の家、そばに不釣り合いなチョン髷に着流し姿の男が２人立っている。確かに日本人だ。町には商人や船乗り、浪人やキリシタンもいた。

　日本の庶民が歴史上はじめて東南アジアの人たちと接触した朱印船時代は、鎖国によって30年しか続かなかった。鎖国から10年後、ホイアンには60組の日本人家族が、帰国もできずそのまま暮らしていたという。彼らの住まいがあった日本人町がいったいどこにあったのか、今となってはわからない。「日本橋」と地元の人が呼んでいる屋根付きの古い橋が港の外れにあるだけだ。

チャンフー通りの西に、江戸時代の日本人が造ったという伝説の「日本橋(別名遠来橋)」がある(上・左)。

062 ｜ベトナム

旧市街には3本の通りがある。コロニアル建築が多いグエンタイホック通り（上）、土産物屋が多くにぎやかなチャンフー通り、川に沿った静かなバクダン通り。

ベトナム

ホイアンの海は長い砂浜が続き、沖には朱印船時代の航海の目印チャム島が見える。漁師が担いでいるのは竹で編んだザルの船。毎朝これに乗って漁に出る。

ホイアン市街

- Vinh Hung2 H
- インド R
- Hoian R
- イタリアン R
- 遠来橋（日本橋）
- 関東館会
- Tam Tam cafe
- サーフィン文化博物館
- 博物館
- 福建館会
- チャンフー通り
- グエンタイホック通り
- バクダン通り
- 市場
- トゥーボン川

ルアンパバーンからダナンに向かう飛行機はホイアン上空を飛ぶ。このとき右手にチャム島や五行山が見える(左)。江戸時代の日本人が寄進した五行山の観音像(上)。

ホイアン

コラム　アオザイは皇帝の趣味？

ベトナムの民族衣装といえばアオザイ。白いアオザイ姿の女子高生たちを、旅行中きっと目にするはずだ。しかしユニホームとして義務付けられた公官庁や接客業の女性たちを除くと、大人のアオザイ姿はまず街で見かけない。日本の着物のように、今では晴れ着になっているからだ。

映画『ラストエンペラー』の中で中国人が着ている服を記憶しているだろうか。筒袖に両手を突っ込む姿がきまる丈の長い服だ。これは17世紀に中国の明王朝を倒して「清朝」を興した満州族の民族衣装だが、清朝皇帝は北京に暮らす漢族の男女住民に対して、満州族の服を着るように命じた。女性用はチーパオ（旗袍＝いわゆるチャイナドレス）、これがアオザイの原型になる。

フエのグエン朝皇帝は、異常なほど熱心に中国の真似をした。王都の形や宮廷の建物（「紫禁城」や「午門」という名前も）、政治の仕組、文化や教養など中国からなんでも取りいれた。この時代の中国の王朝は、満州族の清朝だった。そこでグエン朝皇帝は、チーパオをもとにしたアオザイをデザインし、女性たちに着用を義務付けた。フエに住んでいる女性は紫色、ホイアンの女性は茶色と厳格にアオザイの色も決めた。

グエン朝時代のアオザイの絵　フエ博物館蔵

スコータイ
<small>タイ</small>

タイ族最初の王国

　タイ族の国家が東南アジアの歴史に顔を出すまでには、ずいぶん時間がかかっている。13世紀になってやっとアンコールの支配から独立して、スコータイ王国が登場する。
　3代目の王の碑文にはこの国が東南アジア大陸部の大半を支配したことが記録されているが、15世紀にもうひとつのタイ族国家アユタヤに吸収され、一地方の王国になってしまった。
　1991年、スコータイ遺跡はインドネシアのボロブドゥールとともに東南アジアで最初の世界遺産となった。遺産名は「古都スコータイと周辺の古都」。スコータイ王朝の副都市だったカンペーンペットとシーサッチャナーライも含まれた。スコータイの王たちが仏教を篤く信仰していたため、この3つの古都には仏教遺跡がたくさん点在している。またシーサッチャナーライ周辺に、中国人陶工に焼かせた窯跡があり、ここは利休など日本の茶人が珍重した「宋胡録焼き」の故郷としても知られている。

070 | タイ

スコータイの中心寺院ワット・マハータート。タイ族最初の王国がここから始まった。「水には魚が棲み、田には稲が実り…」と豊かな国土をうたった碑が残っている。

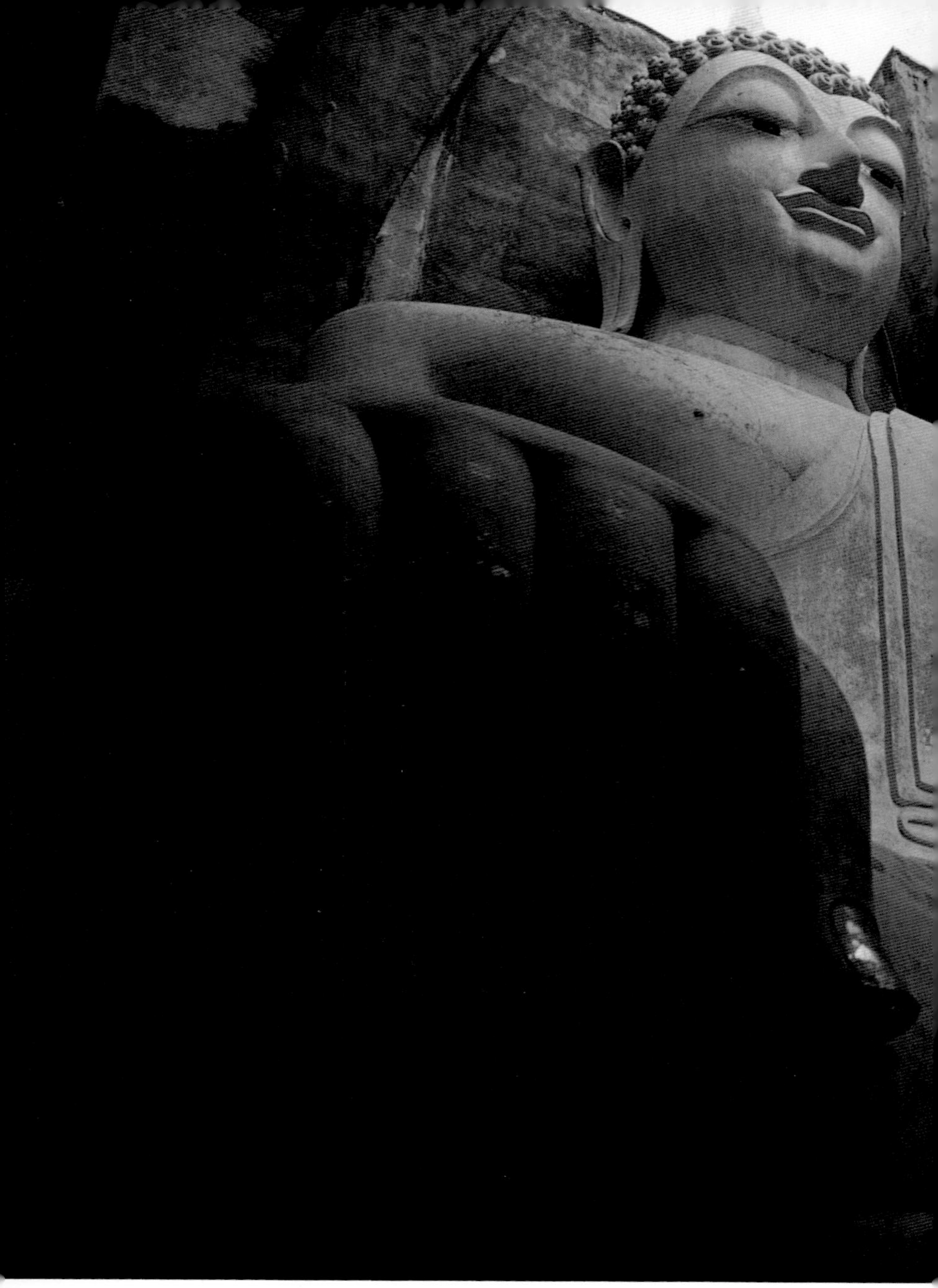

スコータイの王たちはスリランカの仏教(上座仏教)を熱心に信仰した。このワット・シーチュムの大仏のように右掌を地に触れる降魔印がスコータイ仏の特徴になる。

スコータイ

600年前に建てられた寺院の残骸が、城壁で囲まれた都の内外に点在する。都の中心にあるのは大寺院遺跡ワット・マハータート。スリランカから贈られた釈迦の遺骨（仏舎利）が納められていたという（写真p.70-71）。

正面中央の大仏はアユタヤ様式、後ろの塔と右に見える立像・坐像はスコータイ様式、左の釣鐘形の仏塔はスリランカ様式で造られている。様式に違いがあるのは、スコータイ王がスリランカの仏教に帰依していたこと、のちにスコータイがアユタヤに併合されたことなどによる。

ほかにも代表的な遺跡として、城内では池の中に建っているワット・スラシーやワット・シーサワイ、城外では最も古い時代の寺院になるワット・プラパーイルアンやワット・シーチュムがある。

スコータイ遺跡の仏像で特に目を引くのは、頭の先から火炎を立ち昇らせたような仏像。タイでは珍しいものだが、これはスリランカで造られる仏像の特徴で、頭の炎は放射する光を表している。

ヒンドゥー寺院様式のワット・シーサワーイは、スコータイがアンコール王の支配下にあった時代のなごり（左）。火炎状の頭をした仏像はスリランカの影響（上）。

石柱を林立させるワット・マハータートの境内。ラテライト(赤土石)のブロックを積み重ね、漆喰でまわりを固めてある。当時はこの柱で礼拝所の屋根を支えていた。

カンペーンペット

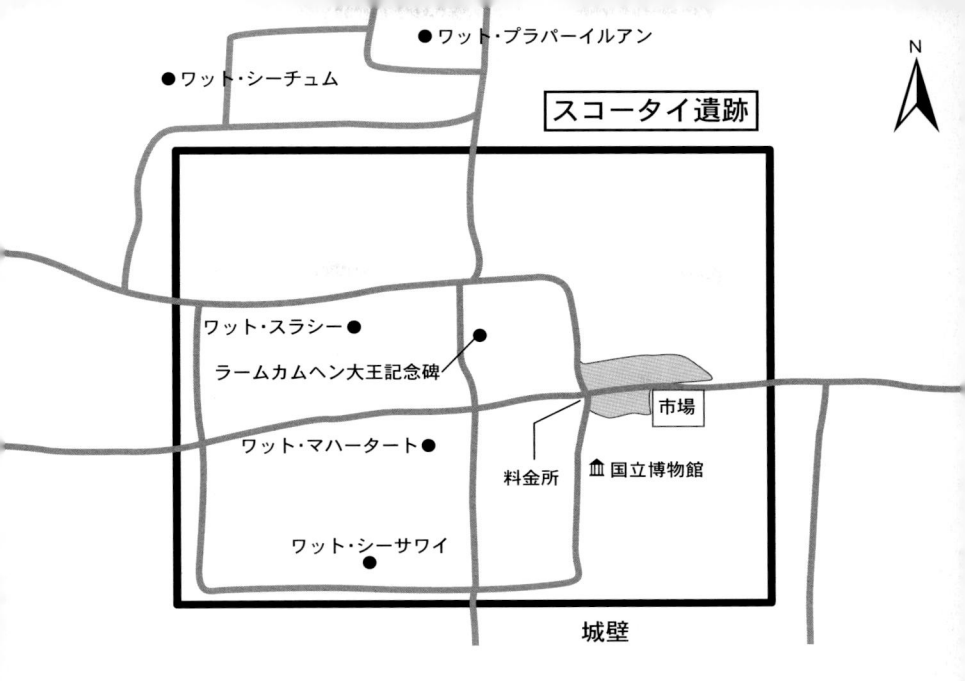

スコータイからカンペーンペットは車で１時間半、約80km南へ下る。遺跡は旧都城と北側の森（史跡公園）に集中している。ここはスコータイ遺跡ほど徹底した修復をしていないので、遺跡に寂寥感が漂い、魅力的だ。専門的な興味があるのでなければ、史跡公園の方が見ていて楽しい。チークの木が密生し、その薄暗い中に遺跡を巡る道がついている。

ワット・チャーンロープ（漆喰の象で飾られた仏塔の基壇）、ワット・シン（激しく風化した仏像）、ワット・プラシーイリヤボット（形の良い立像）、ワット・プラノーン（巨大なラテライトの柱）、それに旧都城のワット・プラケーオ（３体の涅槃像と坐像）と回って、スコータイから往復半日の行程。

ワット・プラケーオの本尊はスリランカ製のエメラルド仏だった。これはその後チェンマイに運ばれ、さらにラオスのビエンチャンに移り、その後またタイに戻ってバンコクの寺に安置された。これが有名な王宮の中にある寺院ワット・プラケーオの「エメラルドブッダ」である。

カンペーンペット遺跡は市内と歴史公園の2ヵ所に分散している。ワット・プラシーイリヤポットの仏像(上)のように、公園内の遺跡は荒涼とした雰囲気がある。

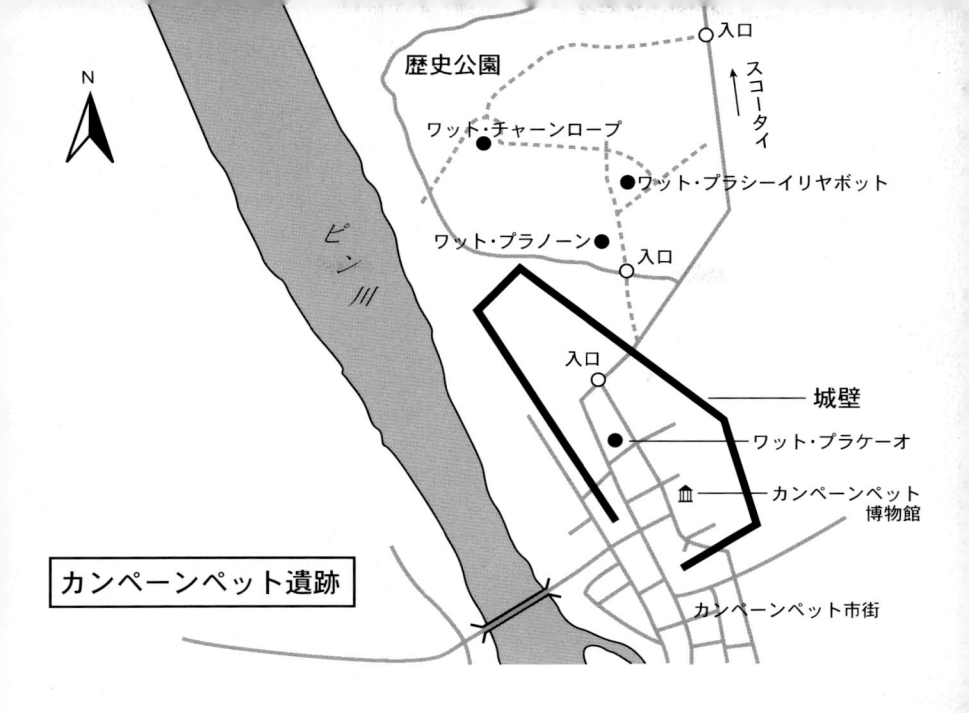

シーサッチャナーライ

シーサッチャナーライは、スコータイの北50kmにある。遺跡の中心はワット・チャーンローム。漆喰の象で飾られた大きな基壇の上に、仏舎利を納めた仏塔がそびえている。基壇に上るとワット・チェディーチェットテーオの境内が見下ろせる。

　この寺の名前が示すように、7種類の様式の異なった仏塔(チェーディー)が立っている。釣鐘状はスリランカ、階段状はミャンマー、蓮の花状はスコータイ様式。

　ここから5kmのコノイ村周辺で、145基の宋胡録焼きの窯跡が見つかった。窯跡には番号が付いていて、42番のものは焼き損じの陶磁片が貝塚のように棄ててある。61番はほぼ原型のまま出土していて、窯の中に焼き物がそのまま残っている。

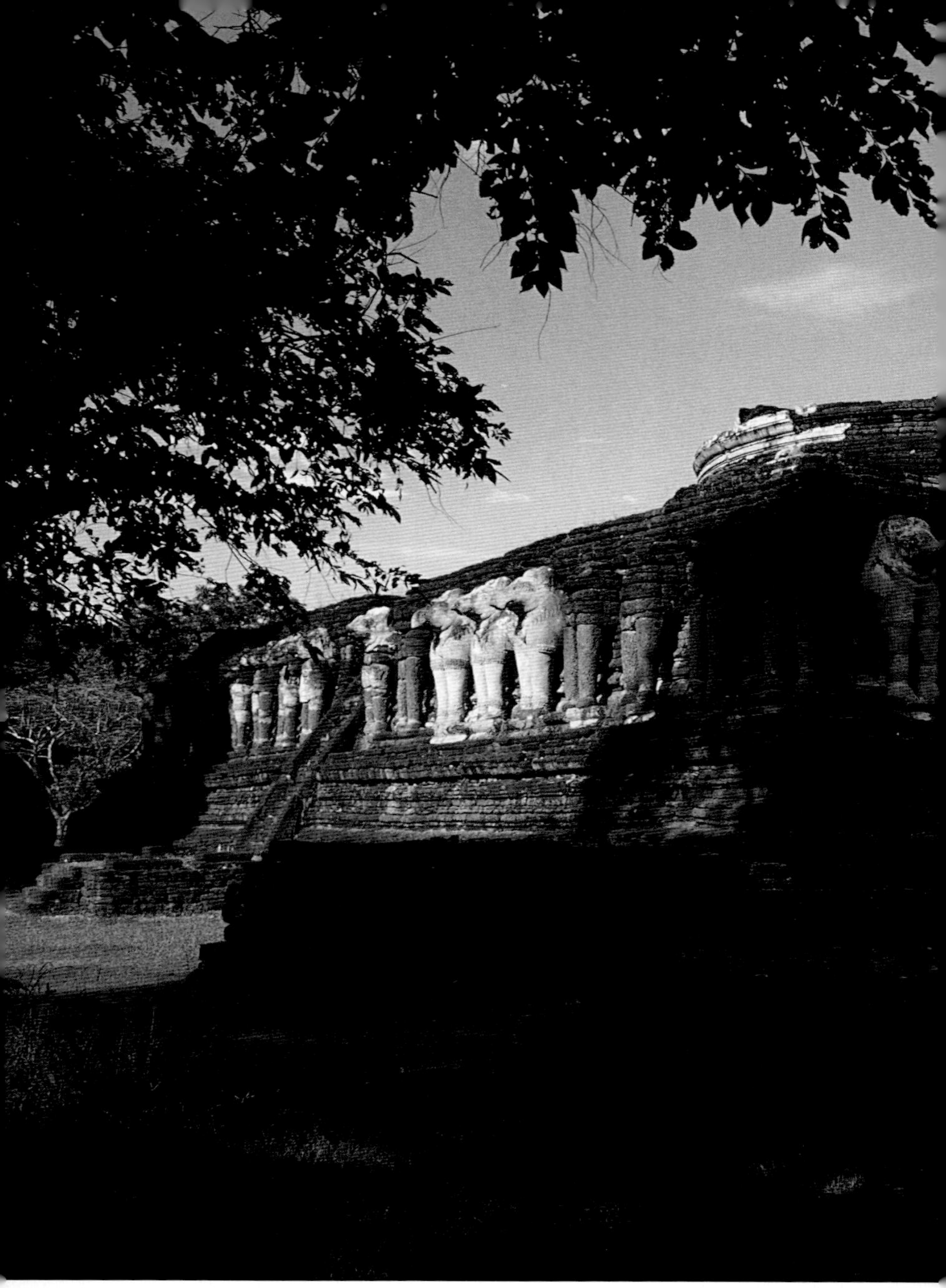

漆喰で白く塗られた68頭の象が基壇を取り巻くワット・チャーンロープ。白象は王専用の乗り物になっていた。壇上の仏塔は根元から倒壊している。

- ワット・スワンキリー
- ワット・チャーンローム
- ワット・チェディーチェットテーオ
- ワット・ナンパヤー
- 城壁
- ヨム川
- → スコータイ

シーサッチャナーライ遺跡

シーサッチャナーライ遺跡の中心寺院ワット・チェディーチェットテーオ(左)。竜に守られて瞑想する釈迦の像が完全な形で残っている(上)。

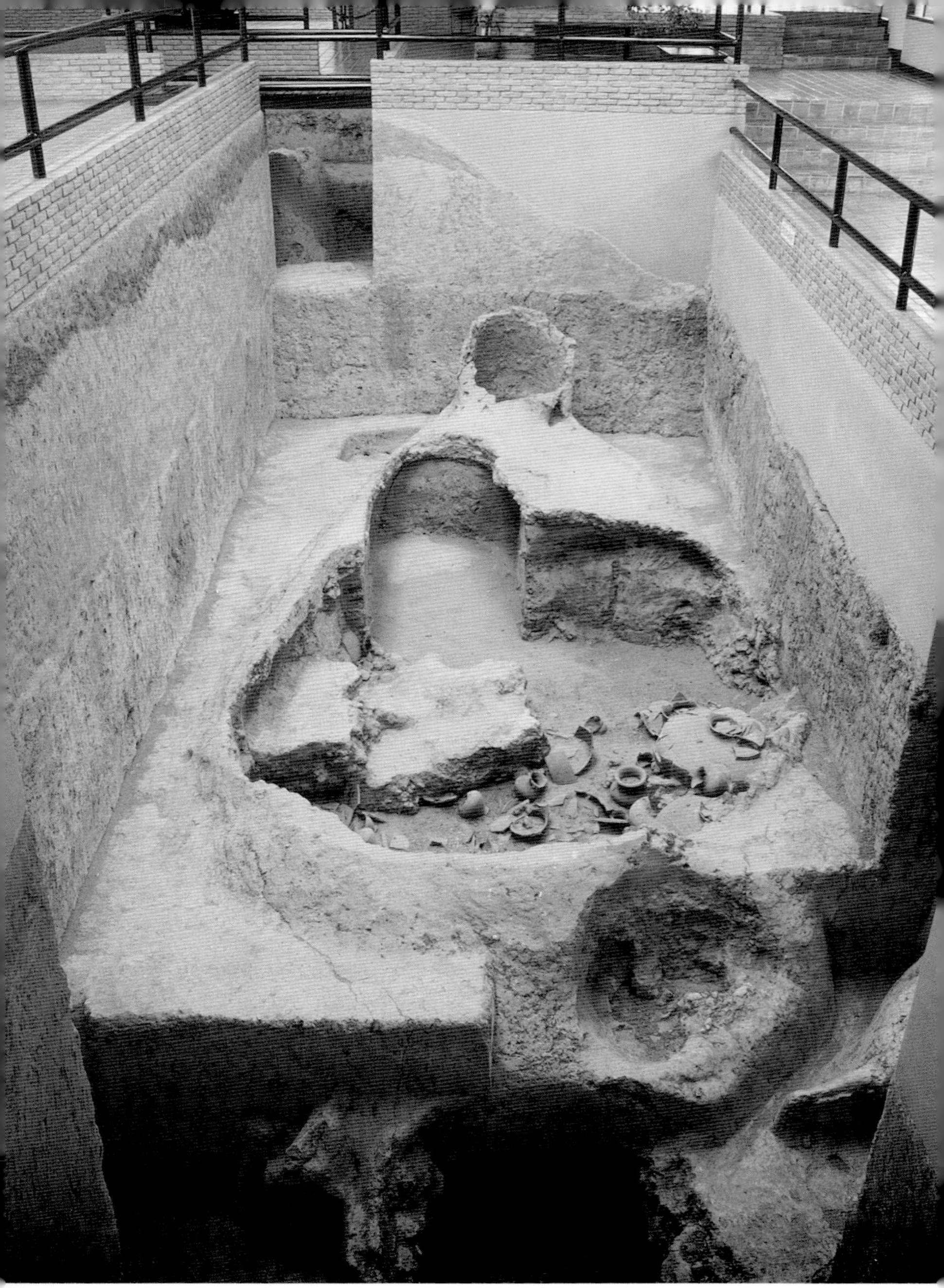

コノイ村には発掘された宋胡録焼きの古窯が保存されている(左)。窯の周辺には600年前に焼かれた陶磁器の破片が散在する(上)。付近には骨董店もある(下)。

コラム　現代に続くインドシナ半島の王国

　今インドシナ半島の王国はタイとカンボジアだが、国民から慕われ、強いカリスマを発揮しているのはタイ国王だろう。

　タイの若い女性ガイドと話していたとき、たまたま国王の話題になった。たちまち彼女はうっとりとした顔つきになり「わたし王様大好き」と言う。

　タイを旅行すれば、1日中いろんな場所で国王の写真や肖像画を目にするはずだ。確かめたことはないけれど、それを掲げることは義務でも強制でもなく、「こうしないとどうも部屋が落ち着きませんな」という感じのようだ。

　タイ国王は誕生日の前日、テレビを通じて国民に話しかけるのが恒例になっている。毎日皇室ニュースがテレビで放映されていて、国王の顔を見ること自体は珍しいことではないが、このときだけは気さくに話しかける国王の姿があって、国民はすっかりその話に引き込まれてしまう。

　国民が疑問を抱いている政界の動きにはきつめのジョークを発し、つまらない政策には皮肉を言い、それが決してシリアスにはならず、国民が楽しめる話題にして本人も楽しそうに語る。

　「バンコク市長は区の名前を変えようとしているらしいけど、あの区の名前はタイの犬の種名から来ています。それを変えてしまったら、こんどは犬の名前まで変えなければなりません」と、バンコク市民をにやりとさせる。

　誕生日当夜は、王宮から王宮前広場まで道路は華やかに電飾され、広場には各地から集まった国民が、ローソクをともして国王の健康を祈る。続いてコンサートや映画やタイ式ボクシングが夜を徹して行なわれ、テレビでも深夜中継される。

　後日、国王の誕生パーティーが政府の主催で盛大に開かれる。きらびやかな王宮と正装した政財界や各国の代表者。その様子をテレビが映し出す。しかし、この日のパーティーも誕生日当日にも、国王の姿はない。

　国王の存在は重い。2000年前から続く東南アジアの国王が備えるカリスマ、21世紀のタイにそれがまだ息づいている。

ルアンパバーン
ラオス
メコン河畔の小さな古都

　メコンの中流域、半島のように突き出た小さな土地に、仏教寺院がたくさん建ち並んでいる。日本なら「小京都」と形容されそうな、落ち着いた雰囲気のある町ルアンパバーン。町の名は、この土地に運ばれたスリランカ製の仏像の名「プラバン」に由来する。
　14世紀、ルアンパバーンを都にしたラオス最初の王国が成立した。国名はラーンサーン、「100万の象」を意味する。18世紀になってルアンパバーンは、ビルマ軍に占領されたあと、タイの属国となった。
　20世紀にはフランス領インドシナに組み込まれ、日本の敗戦をきっかけにラオス王国として独立する。ビエンチャンを首都にして、ルアンパバーンに王宮を置いた。ビエンチャンに着任した各国大使は、ルアンパバーンまでやって来て王に拝謁しなければならなかった。
　その後インドシナ半島全体が内戦状態になり、1975年に国王が退位して、ラオス人民民主共和国が誕生した。王国の長い歴史を秘めたルアンパバーンは1995年、世界遺産に登録された。

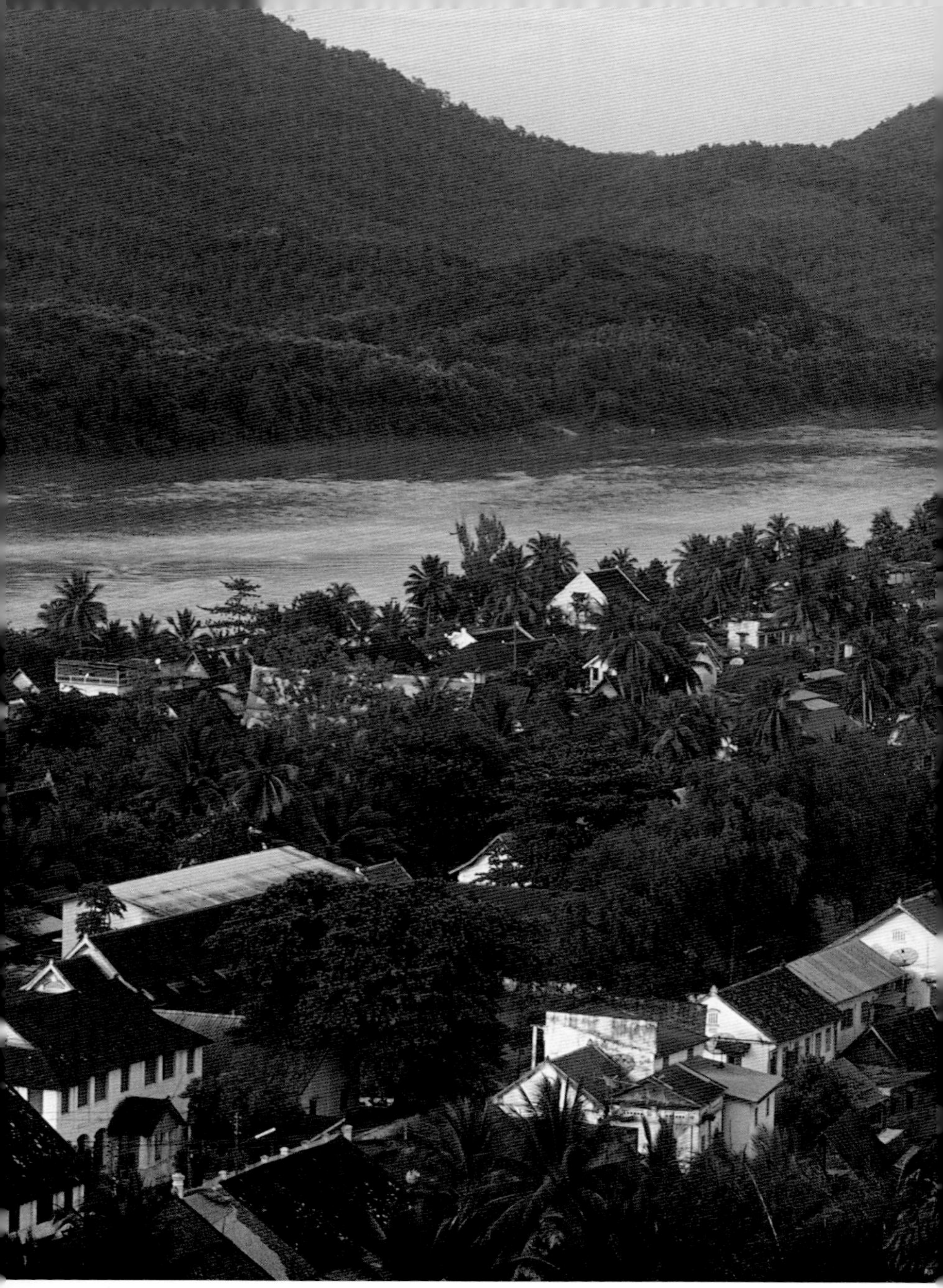

メコン川の岸辺にひらけた古都ルアンパバーン。緑に囲まれた町に仏教寺院がたくさん点在する。世界遺産の景観を守るため、ヤシの樹より高い建物はない。

ルアンパバーン

　大きな蛇行を繰り返す大河メコンと言いたいところだが、地図を見るとメコンは意外にまっすぐ流れている。ただしラオスの北部でだけは、Σ型の鋭いカーブが連続する。この一帯は船にとって難所だ。岩礁や早瀬に19世紀のフランス探検隊も手を焼いた。それなのに、ラオスはずっと昔からここに王都を置いて繁栄した。ルアンパバーンである。

　王都ルアンパバーンには100近い数の寺院が残されている。中でも有名なのは16世紀に国王が建てたワット・シェントーン。ラオスで最も美しい寺として知られている。反りあがった踊り子の指先のように、繊細な曲線を描く屋根。その屋根が三層に重なり合い、地面すれすれまで届いている。金で描かれたドアーや内部の壁画、外壁のモザイク画も美しい。

　まだ太陽が昇りきらない前、毎日この寺から大勢の僧たちが街に向かって歩き出す。1列になった裸足の足音が静かな街にひたひたと聞こえる。

　街の所々に住民たちがひざまずき、僧の列がやってくるのを待っている。僧たちがそこで歩調をゆるめると、人びとは炊き立てのもち米をひとつかみ僧の抱えた鉢の中にそっと落とす。「100万の象の国」と言われた昔から（P.95へ）

旧市街の建物は、フランス植民地時代のコロニアル様式と中国様式がミックスされている(左)。
プーシー山に登ると正面に旧王宮が見下ろせる(右)。

ラオス

ルアンパバーンで最も有名な王立寺院ワット・シェントーン。優雅な曲線と低く落ちた屋根の格好が、ルアンパバーン様式と呼ばれている。

ルアンパバーンではラオス各地から集めた織物が売られている(右)。付近のシンレックス村でも絹織物は製作されている(上)。

500年間途切れることなく繰り返されてきたこの托鉢のシーン。托鉢はすべての寺院で毎朝行なわれている。ルアンパバーンをとことん観光するならこの時間から始まる。

　朝夕は街の中心になるプーシー山に登ると、メコン川を背景に斜光を浴びた街並みが見下ろせる。写真を撮るならこのときがチャンス。薄茶色したメコン川はルアンパバーン付近だけ静かに流れている。ボートをチャーターしたリバークルーズは雄大な風景が楽しめる。

　ルアンパバーンには絹織物を売る店が多い。並んでいるのはどれもラオス各地の伝統デザインのものだ。天然素材で絹糸を染めたアンティークものは、わざわざタイから女性が買い求めに来るほど人気がある。パノム村やシンレック村など、周辺の村まで15分ほど車で走れば、実際に機織りしている様子も見ることができる。

ラオス

この街には住民の数と変わらない僧侶がいる。黄金色に輝く仏像に向かって読教し(左)、夜明けとともに托鉢に向かう(上)。こうした僧侶の修行を住民が支えている。

ルアンパバーンに来て落ち着くのは、寺院や街並みの古さではなく、人びとの静かな物腰にありそうだ。裏通りで伝統菓子を作っていた(上)。

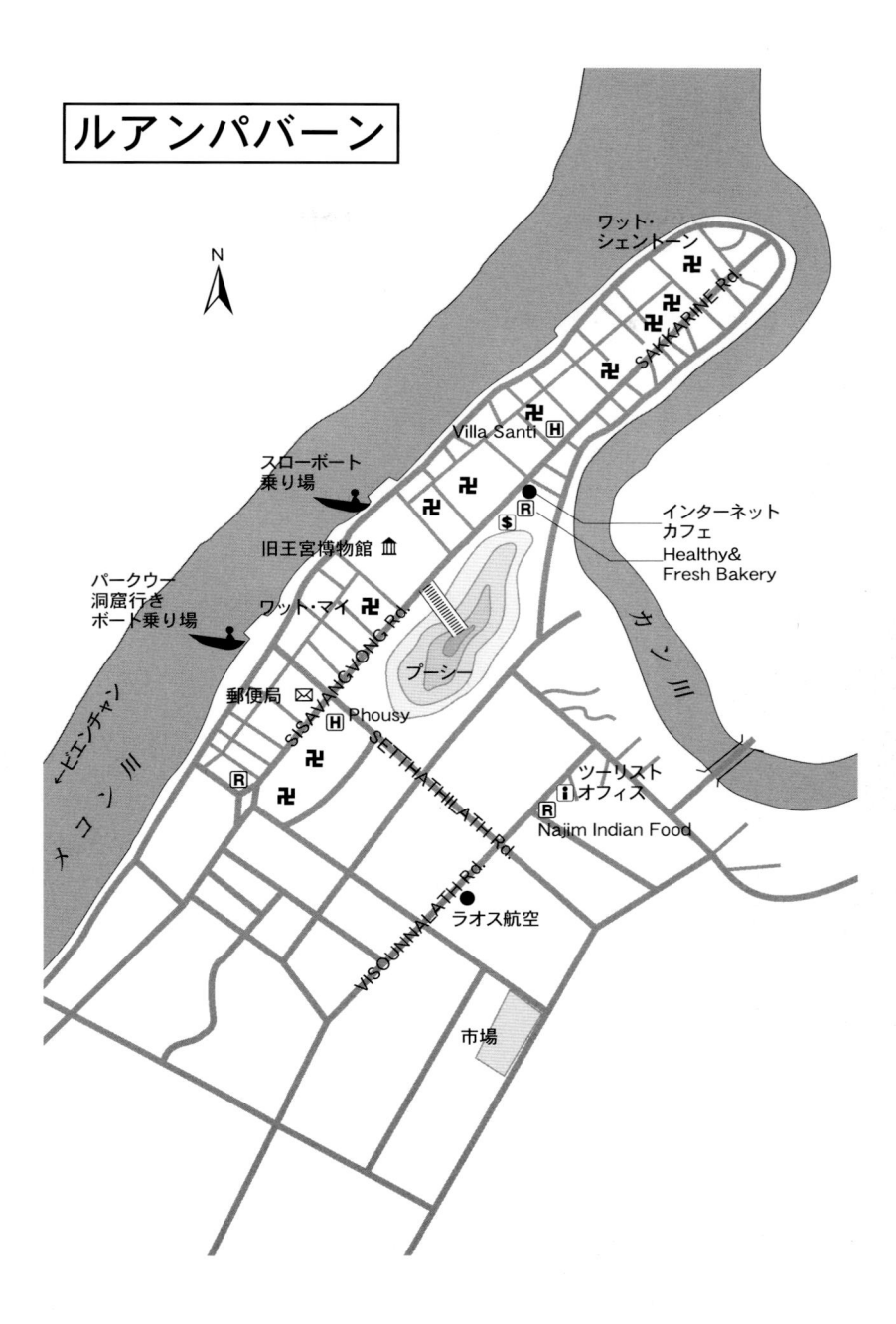

ルアンパバーン

コラム　19世紀の北ラオスを歩いたヨーロッパ人

19世紀になると、ヨーロッパ人のあいだで、インドシナ半島内陸部の探検が始まった。インドシナ半島は河川が多い。彼らは船を使って、ラオスやベトナムの奥地からさらに中国雲南にまで入っていった。*The Fate of Sip Song Panna and Muong Sing* など、その当時の踏査記録がいくつも残されている。

当時、北ラオスにはムアンシンやシェンケーンといった小さな王国がたくさんあったが、そうした小国に対しても探検隊は贈り物を携えて王に拝謁し、自分の国との友好関係を築こうとした。

ムアンシンの王子に会ったフランス人はこう記している。

「玉座の王子は25歳で、切れ長の目をしていた。大きなターバンを頭に巻き、刺繍やスパンコールが入った錦織の上着とズボンを身に着けていた。玉座の赤いベルベットや王子の頭上に差しかけた日傘は金で縁取りがされ、玉座には宝石が散りばめてある。そして、金の柄の刀を持った召し使いたちが彼を護衛していた。それはまるで、千夜一夜物語のような光景だった」

探検者たちは、未開の地だと思っていた北ラオスのきらびやかな文化に驚き、豊かな物資にも目をみはっている。ムアンシンの市場には「雲南のアヘン、シプソンパンナーのお茶、シェンスオンの短剣、ナタ、宝石、装身具、中国人商人が運んできた小物や骨董品や鉄鍋、イギリスやドイツの徽章が付いた洋服」までもが並んでいた。

すでに北ラオスにはビルマ経由でイギリス人探検家たちもやって来ていて、イギリスの高価な贈り物が王に届いているのを知らずに「自分たちは粗末なものを持ってきてしまった」とフランス人は後悔したりもしている。

北ラオスに入ったヨーロッパ人たちは、各地の王や村人の助けを借りながら、次の目的地へと旅を進めていった。そして小王国ごとに自分たちの基地を建設し、ラオスの中でどんなものが交易されているか、どの王国とどの王国の間にはどんな利害関係があるかなどを探り、着々と自分たちのテリトリーを確立していった。

アンコール
カンボジア

世界最大の神殿と遺跡群

　古代のカンボジアは、9世紀から15世紀まで都をトンレサップ湖の北岸に置いた。この都が、のちに末裔たちからアンコールと呼ばれる。アンコール時代のカンボジアは、東南アジア最強の力と富を誇り、全盛期にはインドシナ半島の大部分を支配した。この全盛期の象徴が、アンコールワットとアンコールトムになる。アンコールワットはヒンドゥー教の神を祀った世界最大の神殿、アンコールトムは3km四方の城壁に囲まれた王の暮らす都である。
　アンコールにはこれ以外にも、歴代の王たちが築いた建造物がたくさん残っている。レンガや石のブロックを積み上げた神殿、湖のように大きな貯水池、城壁や城壁を取り巻く濠と橋、川底の岩盤に残された無数の浮き彫り。こうしたものが森や山や砂漠の中に点在している。
　アンコール遺跡は1992年に世界遺産に登録されたが、内戦や略奪が続いたため「危機遺産（危機にさらされている世界遺産）リスト」にも登録された。内戦が終わって治安が回復した今は、安全に遺跡巡りができる。

アンコール600年の歴史がこの風景にある。横に長い山は王朝発祥の地クーレン山。手前にアンコールトムの濠が光っている。密林の中に遺跡がたくさん点在する。

アンコールワット

アンコール遺跡の入場ゲートを過ぎて最初に見えてくるのがアンコールワット。巨大な規模は車の中から眺めただけでも圧倒される。アンコールワットは、天界にすむ神を地上に招くために建てた神殿であり、降臨した神と王とが合体する儀式の舞台でもあった。

神の館とするには人間たちが驚くスケールと神秘性が必要だったから、外壁も通路も回廊の壁面もすっかり浮き彫りで覆いつくしてしまった。ヒンドゥー教の神々や、神に奉仕する舞姫たちの姿。ラーマーヤナ、マハバーラタといったインド神話の有名なシーンも描かれた。こうして30年の歳月を費やして、世界最大の神殿が完成した。

薄暗い神殿を奥に進むと、神聖な気分がしだいに膨らんでくる。そしてクライマックス。突然明るい出口が見えると、その先に見上げる高さの中心塔がそびえている。地上65mの塔の内部は祠になっていて、ここでバラモン僧は天界と交信する真言を唱え、ヴィシュヌ神を降臨させた。

バケン山から見たアンコールワット（左）。アンコールワットの西門の神像。アンコールワットは本来ヒンドゥー教の神殿だったが、現在は境内に仏教寺院がある（上）。

カンボジア

4本の小塔が中心塔を囲むアンコールワットの奥の院(上)。荘厳な雰囲気の十字回廊(左上)。
神に仕える舞姫(左下)や王(下)の浮き彫りで壁面は飾られている。

108 | カンボジア

中心塔の拝殿に行くには、崖のようなこの階段をのぼる。800年前、バラモンに先導された王は拝殿にのぼり、神の力を宿す神秘的な儀式を受けた。

アンコールトムの南大門(上)。四方に大きな人面が彫ってある。濠に渡された石橋は長さ113m、インド神話に基づいた神と阿修羅の石像が欄干になっている(右)。

アンコールトム

　アンコールトムは王が暮らしたクメール帝国の都の名前だ。都の敷地は正方形で一辺が3㎞。これを城壁と濠が取り囲み、四方に門と石橋が設けてある。橋の欄干は大蛇を引き合う神々と阿修羅の石像でできていて、インド神話「乳海攪拌」を模している。

　敷地の中心は聖なる場所として、地上45mの大塔がそびえるバイヨン寺院が建てられた。まわりに配置された16基の小塔も含め、196個の大きな人面が塔の先端に彫ってある。バイヨンの回廊跡の壁面には、アンコールの都に侵入したチャンパ軍との激しい戦闘場面が彫ってある。王ジャヤバルマン7世はこの戦いに勝ち、破壊された都を建てなおした。それが現在目にしているアンコールトムになる。

　アンコールトムの敷地内には、他にもピミアナカス、バプーオン、王のテラスなど10基近くの遺跡が点在している。中でもピラミッド形のピミアナカスが美しい。王宮はこの辺りにあったと考えられている。

アンコールトムの中心に、山のようにそびえるバイヨン(上)。大塔のまわりを16基の小塔が囲んでいて、よく見てみると無数の人面が浮かび上がってくる(右)。

アンコールトムの外にある遺跡

アンコール遺跡は遠くタイ国境まで、東京都に匹敵する広い範囲に点在する。正確な数は不明だが主要なものだけでも60基はあるという。今のところ観光客が行けるのはシェムリアップから日帰りできる狭い範囲だが、その中でユニークな遺跡といえばクーレン山だろう。

　この山はアンコールの歴史の１ページ目を飾る事件の舞台として知られている。出土した碑文によると、クーレン山でインド人バラモン僧が執り行なった儀式によって、ひとりの有力者が神秘的な力を宿した。そして自らカンボジアの支配者になったことを宣言すると、下山してアンコールに都をひらいたのだという。

　この山は標高の低い平らな丘陵で、最初だけが少しきついが、あとはハイキング気分で登っていける。頂上付近に澄んだ川が流れていて、水を透かして川底をのぞくと、岩盤にヒンドゥー教にまつわる浮き彫りが見える。他には涅槃仏のある仏教寺院と滝があるだけの山だが、出かけてみる価値はある。

カンボジア

バイヨンの回廊跡に残された戦闘場面や暮らしを描いた浮き彫り(左上・左下)。王のテラスを飾る浮き彫り(上)。森の向こうにバイヨンの大塔が見える。

鮮明に浮き彫りが残っている遺跡はバンテアイスレイ。赤い砂岩に彫った浮き彫りは主にインド神話にまつわるものだが、カイラース山に住んでいるシヴァ神と妃パルヴァティを描いたものは特に美しい。主祠堂の壁面に彫られた女性の表情は、装飾の域を超えるリアルさがある。
　興味深い遺跡は建物ばかりでない。王が残した巨大な貯水池西バライも見逃せない。これはクーレン山から流れてきた川の水を蓄えたものだが、その規模が普通ではない。今は半分干上がってしまったが、昔の水面は8 km×2.2kmもあった。世界有数の空港でさえ滑走路の長さは4 km。この貯水池の異常なほど大きいことが理解できるだろう。しかもすべて人力で掘ったのだから驚きだ。
　アンコールを俯瞰するならバケン山に登るといい。陽光を反射したアンコールトムの濠の向こうに、シルエットになったクーレン山がある。夕日に赤く染まるアンコールワットもここからならよく見える。

アンコール遺跡地図：

- 西メボン
- 西バライ
- プリアカン
- ニャックポアン
- バンテアイスレイ
- クーレン山
- 玉のテラス
- 北大門
- ピミアナカス
- バプーオン
- バイヨン
- アンコールトム
- タケウ
- 東メボン
- 東バライ跡
- バンテアイサムレイ →
- タプローム
- プレループ
- スラスラン
- バンテアイクディ
- 南大門
- 城壁・濠
- アンコールワット
- プノンバケン（バケン山）
- 空港
- 濠
- シェムリアップ川
- シェムリアップ市街
- トンレサップ湖

アンコール遺跡

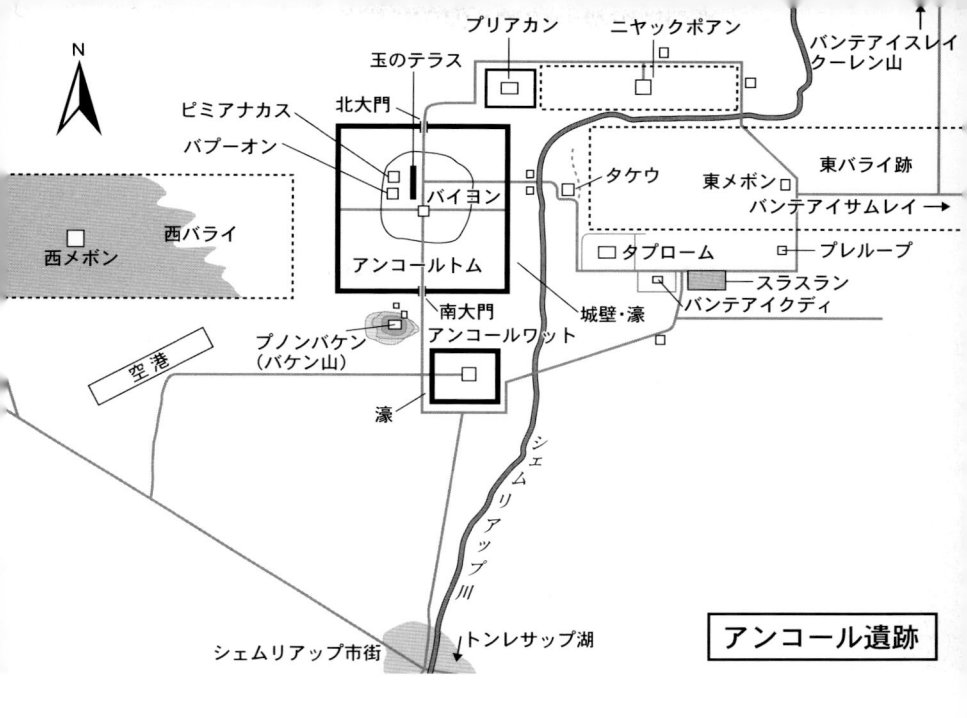

バケン山頂の神殿と、湖のように水面が広がっている人造湖西バライ（左）。プリアカンの濠にも神々と阿修羅を欄干にした橋が渡してある（上）。

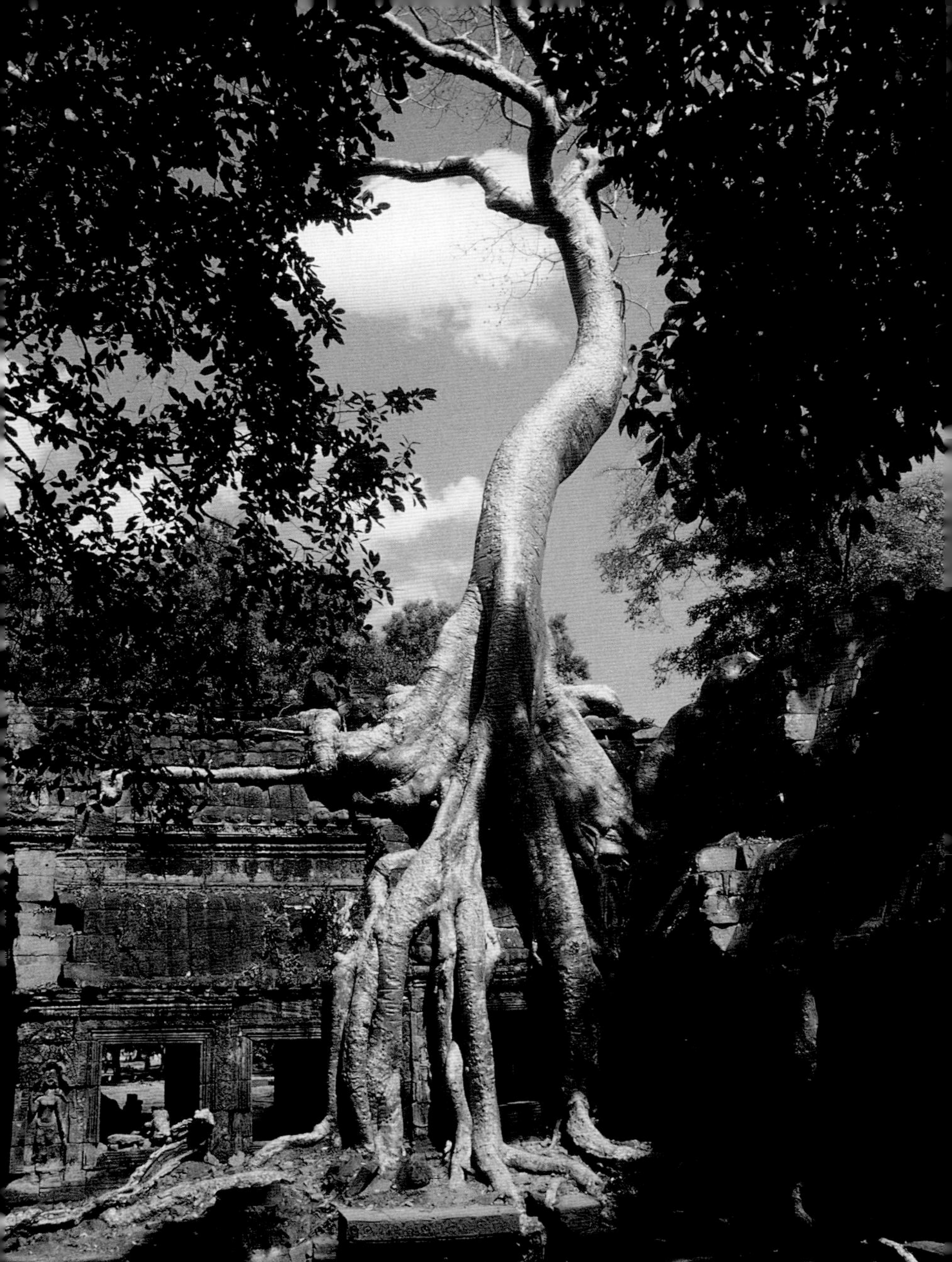

タプローム寺院に根を張った熱帯樹(左)。プレループの前で魚を捕る子供たち(上)。バンテアイスレイの浮き彫りほど写実的なものはほかにない(下)。

トンレサップ湖

　トンレサップ湖の観光基地チョンクネア村まで、シェムリアップから車で20分ほど。この村で船をチャーターして沖に出ると、東南アジア最大の湖が実感できる。東京都に等しい大きさの湖は海のように水平線が見える。
　トンレサップ湖はアンコール文明を支える食料庫だった。豊富な魚類がたんぱく質を、雨季に氾濫する湖水が天然の水田を提供した。また湖はアンコールを外国と結ぶ幹線でもあった。湖から流れ出た水はトンレサップ川となってメコンに合流し、南シナ海に注ぐ。この水路を使って外国の交易船がやって来た。バイヨンの壁面に中国の船が浮き彫りになっているが、経済的にもトンレサップ湖はアンコールを支えていた。
　雨季のトンレサップ湖は、逆流してくるメコン川によって激しく氾濫し、最大で湖の岸が4kmも外側に膨らむ。チョンクネア村は常に湖岸で暮らす必要から、雨季のあいだじゅう拡大していく湖岸を追いかけなければならない。そのため村人は移動しやすいように家船で暮らしている。

雨季の氾濫した湖とチョンクネア村(左)。湖の漁はほとんど機械を使わない(上)。乾季には沖に出ても水深が胸までしかない(下)。

トンレサップ湖に生息する魚類は47科200種という。ナギナタナマズの種類のトレイクラーイ（上）と、斑点の数まで正確な浮き彫りのトレイクラーイ（下）。

コラム　アンコールのタイムカプセル

アンコールには、これが庶民のものだという遺跡はひとつもない。アンコール遺跡は素晴らしいが、この点だけが物足りない。そんなときにはバイヨンの回廊を巡るといい。どんな理由かわからないが、ここには庶民の姿が浮き彫りになっている。

　魚を捕る男、魚を売る女、森の中の狩人、籠を抱えた物売り。宮廷の厨房だろうか、魚を串焼きにしたり、豚を丸茹でにしたり、料理を運んだりする男たちも描かれている。それほど数があるわけではないが、古代のカンボジアを垣間見るようで面白い。

　もうひとつ面白いことがある。宮殿を描いた部分に添えられた樹木や植物、森や湖での戦闘場面に添えられた獣や鳥や魚だ。これらは一見するとただの装飾に思われるかもしれないが、実は正確に特徴がとらえられている。だからトンレサップ湖の漁師は、浮き彫りの魚を見て名前がすぐわかる。鳥や植物も詳しい人ならわかるはずだ。700年前のアンコールの自然を目の前にしていると思うと探検気分になってくる。

森の中で狩をする男たち

インドシナ半島の世界遺産をめぐる旅情報 （2003年3月）

日本からのアクセス
直行便がタイのバンコク、ベトナムのホーチミンに飛んでいる。バンコクからインドシナ半島を周遊するには、バンコクエアウェーズ（以下PG）のインドシナ半島周遊ルートが利用できる。ホーチミンは、ダナン周辺の世界遺産とアンコール遺跡には便利だが、周遊にはアクセスの点で向かない。インドシナ半島の周遊にはバンコク起点がいい。

航空券
PGの周遊ルートは"Mekong World Heritage Tour"と呼ばれている。バンコクを起点にスコータイ→ルアンパバーン→ダナン→シェムリアップ→バンコクと、4ヵ国の世界遺産に最も近い飛行場を結んでいる。3ヵ月オープン（バンコク出発後3ヵ月以内に戻る）の航空券で715ドル。なおルアンパバーン→ダナン→シェムリアップ間は姉妹会社シェムリアップ航空の運行になる。日本での問い合せ先＝ヒルトップ ☎03・5798・7560、Email hilltop@hilltop-m.com）。

ビザ（ビザに限らず、条件等は変更されることがあるので要確認）
タイ　30日以内の滞在は不要（但し往復の日にちが記載されている航空券を所持していること）。
ラオス　ビザが必要。ルアンパバーンの空港で取得可（要写真1枚）。15日間滞在可、手数料30ドル（休日とオーバータイム時は31ドル）。
ベトナム　ビザが必要。空港では不可。在日ベトナム大使館にて写真1枚、手数料5000円。申請用紙は大使館のHPからダウンロードできる。即日交付、30日間滞在可。
カンボジア　ビザが必要。シェムリアップの空港で取得可（要写真2枚）。30日間滞在可、手数料20ドル。在日カンボジア大使館では翌日交付、写真1枚、手数料3000円。

現地通貨・両替
タイ──タイバーツ（1 Thb＝約2.8円）、**ラオス**──キープ（1 Kip=約0.016円）、**ベトナム**──ドン（1 Dong＝約0.008円）、**カンボジア**──リエル（1 Riel＝約0.033円）。両替は空港、ホテル、市中の銀行で。日本円からの両替も可。タイ以外の国ではドルを自国通貨のようにそのまま使える。ラオスではタイバーツも使える。

飛行場からホテルまで
バンコク　エアポートバス、リムジンタクシー、メータータクシーがある。市の中心部まで高速道路を走り、混んでいなければ30分以内。
スコータイ　空港のミニバンでスコータイまで40km、1人100バーツ。
ルアンパバーン　タクシーで町まで6km、1人1ドル。ホテルによっては送迎車がある。
ダナン　タクシーでダナン市内まで10分。ホイアンまで40km、約1時間、10ドル。フエまで135km、約2.5時間、50ドル。ホテルによっては送迎車がある。
シェムリアップ　リムジンタクシーで町まで15分、5ドル。ホテルによっては送迎車がある。

ホテル（L＝トップクラス、M＝ミドルクラス、E＝エコノミークラス）
スコータイ　（L）パイリンホテル (Pailyn Hotel) ☎66 (55) 633335　Fax (55) 613317、www.bookings.org/pailynsuk.th.en.html　料金1500〜4200バーツ（朝食込）。(E) タイヴィレッジホテル (Mu Ban Thai Hotel) ☎66 (55) 697249 Fax (55) 697583　料金500〜600バーツ（朝食込）。
ルアンパバーン　（L）ヴィラサンティーホテル&リゾート (Villa Santi Hotel & Resort) ☎856 (71) 252157　Fax856 (71) 252158、www.villasantihotel.com　料金68〜80ドル（朝食込）。(M) プーシーホテル (Phousy Hotel) ☎856 (71) 212192　Fax (71) 212719、料金48〜54ドル（朝食込）。
ダナン　（L）フラマリゾートダナン (Furama Resort Danang) ☎84 (511) 847333　Fax (511) 847220、www.furamavietnam.com　料金140〜400ドル。
ホイアン　（L）ホイアンホテル (Hoian Hotel) ☎845 (10) 861373　Fax (10) 861636、www.hoiantourist.com　料金31〜100ドル（朝食込）。(M) ヴィンフンホテルII (Vinh Hung

II）☎84（51）863717Fax（51）864094、Email quanghuy.ha@dng.vnn.vn　料金25〜35ドル。

フエ　（L）ホテルサイゴンモリン（Hotel Saigon Morin）☎84（54）823526　Fax（54）825155、www.morinhotel.com　料金80〜400ドル（朝食込）。（M）インドシナホテル（L'Indochine Hotel）☎（54）823866 Fax（54）825910　www.huonggiangtourist.com料金25〜50ドル（朝食込）。

シェムリアップ　（L）グランドホテル（Raffles Grand Hotel D'Angkor）☎　855（63）963888　Fax（63）963168、www.raffles.com　料金200〜1900ドル。（M）タプロームホテル（Ta Prohm Hotel）☎855（63）380117　Fax（63）380116、Email taprohm@camintel.com　料金45〜50ドル。

現地での乗り物

スコータイ　町からスコータイ遺跡までは14km（パイリンホテルから4km）、カンペーンペット遺跡まで80km、シーサッチャナーライ遺跡まで60km、それぞれ離れているので、ホテルのフロントなどで車をチャーターする必要がある。

ルアンパバーン　狭い町なので徒歩ですむ。町外れのワット・シェントーンや周辺の村に行く場合は、街を流しているトゥクトゥクを利用できる。

ホイアン　ホテルから旧市街は歩いて行ける。ダナンやミソン、フエに行く場合は、ホテルや現地旅行会社で車をチャーターできる。目安として、フエまで135km、2時間半、50ドル。ミソンまで45km、1時間半、25ドル。五行山（ノンヌオック）まで20分。また現地旅行会社が主催する乗合マイクロバスもある。ダナン（8：00、14：00発）2ドル。ミソン（8：00発）2ドル。フエ（8：00、14：00発）3ドル。ミソンには旅行会社の船も出ている（8：00発）5ドル。

フエ　新市街から旧王宮まで歩いて行けるが、バイクタクシーが便利。郊外の皇帝廟などに行く場合はバイクタクシーかホテルで車をチャーターする。

シェムリアップ　アンコール遺跡やトンレサップ湖は車をチャーターする。飛行場の外で客待ちしているプライベートの車か、ホテルや旅行会社に頼む。

最新情報を知るには

タイ大使館　　http://www.thaiembassy.jp/　☎03・3447・2247
タイ国政府観光庁　　www.thailandtravel.or.jp/　☎03・3218・0355
ラオス政府観光局日本事務所　☎03・3435・1813
ベトナム社会主義共和国大使館　　www.vietnamembassy.jp/　☎03・3466・3311
カンボジア王国大使館　　www.embassy-avenue.jp/cambodia/　☎03・5412・8521
バンコクエアウェーズ　　www.bangkokair.com
シェムリアップ航空　　www.siemreapairways.com

バンコクエアウェーズ　フライトスケジュール（2003年3月現在）
（出発日の1は月、2は火、3は水、4は木、5は金、6は土、7は日曜を表す）

【Bangkok→Sukhothai】

便名	出発時刻	到着時刻	出発日
PG600	0910	1020	1234567
PG630	1130	1240	1234567

【Sukhothai→Luang Prabang】

便名	出発時刻	到着時刻	出発日
PG630	1310	1420	1234567

【Luang Prabang→Danan】

便名	出発時刻	到着時刻	出発日
FT632	1130	1330	12 456

【Danan → Siem Reap】

便名	出発時刻	到着時刻	出発日
FT633	1410	1550	12　456

【Siem Reap→ Bangkok】

便名	出発時刻	到着時刻	出発日
PG931	0930	1020	1234567
PG935	1000	1100	1234567
PG933	1320	1420	1234567
PG937	1620	1720	12　456
PG939	1840	1940	1234567
PG941	1900	2000	1234567
PG943	1930	2020	1234567

参考プラン

1日目　日本→バンコク
　　　　バンコク到着後　市内観光　　　　　　　　　　　　　　　　　　　　　バンコク泊
2日目　バンコク→スコータイ
　　　　PG600　0910　1020　　（1234567）
　　　　到着後　カンペーンペット遺跡またはシーサッチャナーライ遺跡観光　　スコータイ泊
3日目　朝食後　スコータイ遺跡観光　11：00飛行場に向かう。
　　　　スコータイ→ルアンパバーン
　　　　PG630　1310　1420　　（1234567）
　　　　午後　ルアンパバーン観光　　　　　　　　　　　　　　　　　　　　　ルアンパバーン泊
4日目　朝食前後にルアンパバーン観光　10：00飛行場に向かう。
　　　　ルアンパバーン→ダナン
　　　　FT632　1130　1330　　（12　456）
　　　　ホイアンまたはフエに向かう。
　　　　ホイアンまたはフエ観光　　　　　　　　　　　　　　　　ホイアンまたはダナン泊
5日目　早朝ホイアンからミソンに行ったあと、ダナン飛行場に向かう。
　　　　またはフエ観光後、ダナン空港に向かう
　　　　ダナン→シェムリアップ
　　　　FT633　1410　1550　　（12　456）
　　　　アンコールワットを見たあとバケン山頂で夕日を見る。　　　　　　　　シェムリアップ泊
6日目　早朝プノンクーレンまたはアンコールトム城外の遺跡に行く。
　　　　シェムリアップで昼食後バイヨンからトンレサップ湖。17：00に飛行場に向かう。
　　　　シェムリアップ→バンコク
　　　　PG943　1930　2020　　（1234567）
　　　　深夜便でバンコクから日本に向かう。　　　　　　　　　　　　　　　　またはバンコク泊
7日目　日本着

　　＊ルアンパバーン→ダナン→シェムリアップ間は水・日のフライトがないので要注意。
　　＊国際線のチェックインは1時間前で特に問題はない。
　　＊各飛行場到着時に次のフライトのリコンファームが必要。
　　＊航空券購入・予約およびフライトスケジュールの問い合わせ先
　　　エーペックス・インターナショナル（☎03・3357・0545）、グリーントラベル（☎03・3269・0429）、メコンツアーセンター（☎03・5472・0966）
　　＊ホテルや車の予約、ビザ取得など手続きを日本の旅行代理店に頼むこともできる。
　　＊3月30日〜10月26日は雨季（オフシーズン）のためルアンパバーン——ダナン——シェムリアップ間は週3便に減便される。

樋口英夫（ひぐちひでお）

写真家　日本写真家協会々員
本書と関連する著書・共著に
『タイ・黄衣のゆらぎ』（平河出版社）、『雲南・北ラオスの旅』（めこん）、
『風景のない国・チャンパ王国』（平河出版社）、『チャンパ』（めこん）、
『アンコールワット旅の雑学ノート』（ダイヤモンド社）などがある。
E-mail:hhigu2001@hotmail.com

7日でめぐるインドシナ半島の世界遺産

初版印刷　2003年4月7日
第1刷発行　2003年4月15日

定価1500円＋税

著者　樋口英夫Ⓒ
装丁　菊地信義
発行者　桑原晨

発行　株式会社めこん
〒113-0033　東京都文京区本郷3-7-1　電話03-3815-1688　FAX03-3815-1810
ホームページ　http://www.mekong-publishing.com

印刷・製本　太平印刷社

ISBN4-8396-0158-5 C0030　¥1500E
0030-0204153-8347

雲南・北ラオスの旅

樋口英夫

定価1500円+税

雲南省昆明から国境を越えて北ラオスのルアンパバーンに至るルートの完全ガイドです。このルートは、少数民族の珍しい風習、メコンの川下り、山岳トレッキングと、ちょっとハードですが野趣あふれた旅が満喫できます。日本ではまだあまりポピュラーではありませんが、欧米人には人気のルート。「くろうとの旅」第1弾。

雲南最深部の旅

鎌澤久也

定価1500円+税

中国四川省成都から雲南省最深部を通りミャンマーに抜けるルートの完全ガイドです。このルートは「西南シルクロード」として有名な交易の道であると同時に、イ族、ペー族、ナシ族、タイ族など少数民族の坩堝でもあります。著者は中国の少数民族に最も詳しいカメラマン。雲南最深部の魅力を存分にお楽しみください。人気の黄竜、九寨溝も。

ミャンマー 東西南北・辺境の旅

伊藤京子

定価1500円+税

近年ようやく自由に旅行できるようになった「最後の楽園」ミャンマー。初めての本格的なガイドです。有名なマンダレーやインレー湖、バガンなどはもちろん、北部のミッチナー、東部のチャイントン、南部のモーラミャイン、ムドン、西部のガパリなどミャンマー全土の観光地を紹介。ミャンマーの本当の魅力を味わってください。

東南アジアの遺跡を歩く

高杉等

定価2000円+税

「全東南アジア」の遺跡の完全ガイド。カンボジア、タイ、ラオス、ビルマ、インドネシアの遺跡220ヵ所をすべて網羅しました。有名遺跡はもちろん、あまり知られていないカオ・プラウィハーン、ベン・メリア、ワット・プーなどもすべて紹介。すべて写真つき。アクセスのしかた、地図、遺跡配置図、宿泊、注意点など情報満載。

ひとり歩きのバンコク

仲間美紀・佐倉弥生

定価1500円+税

人気のバンコクを特に女性ひとりで歩くのに「本当に役に立つ」ガイドを徹底研究しました。まず、「食べ歩き」「ショッピング」「ナイトライフ」「エンターテイメント」「学習」など目的別の編集。著者はバンコク在住の女性ライター。紹介するお店はすべて実際に調査して採点。地図完備。余計なものを一切省いてコンパクトに。という自信作です。

海が見えるアジア

門田修

定価3500円+税

国単位ではなく、海からアジアを見てみたい。セレベス海、ジャワ海、南シナ海、インド洋…。スラウェシから始まって、タニンバル、ケイ、ハルク、マドゥラ、フローレス、サラワク、パラワン、ココン、メコンデルタ、ニアス、シベルート。いまどきめずらしい雄大、骨太な男の旅の本です。